Les chemins de la prière

KAREM BUSTICA
rédactrice en chef
de *Prions en Église*

Comme le jeûne et l'aumône, la prière fait partie des recommandations pour se préparer à Pâques. Car ces résolutions ont le pouvoir de nous délester de tout ce qui nous disperse pour nous centrer sur le seul essentiel : la relation à Dieu. Ce lien se fonde dans le secret de notre cœur-à-cœur avec Dieu, et dans notre engagement discret envers ceux qui sont dans le besoin.

En cette année de la prière, nous vous proposons un hors-série tout orienté sur ce mystère. Le frère Patrick Prétot nous éclaire sur la prière sobre et silencieuse propre au Carême. Le moine bénédictin conseille de prier les psaumes pour approfondir la relation à Dieu et échapper à la mondanité spirituelle. Pour sa part, Céline Rohmer encourage à redécouvrir le « Notre Père » comme la prière de tous les chrétiens. Cette ministre de l'Église protestante unie de France rappelle que prier est d'abord une expérience d'écoute, et seulement ensuite de parole adressée à Dieu.

Et si nous avons du mal à prier, si nous ne trouvons pas les mots, s'il nous est difficile de tenir… Nolwenn et Frédéric témoignent de leur pratique en couple. Ni évidente ni naturelle, mais portée dans un désir joyeux et plein de générosité. Un mot à retenir pour notre prière de Pâques ? L'émouvant « uya » de Léonard, balbutié par le petit garçon comme un miracle, au terme de la séance de caté dans son institut d'éducation motrice.

« Quand tu pries, retire-toi dans ta pièce la plus retirée »

Matthieu 6, 6

© Arno Smit / Unsplash

APPROFONDIR

Le premier Ressuscité

Mesurons-nous les conséquences de la Résurrection sur les disciples ? Le récit de la Pâque rend visible la présence de Dieu dans leur vie et dans la nôtre.

LE TEMPS DE LA PRÉPARATION

« Mieux vaut s'appuyer sur le Seigneur
que de compter sur les hommes;
mieux vaut s'appuyer sur le Seigneur
que de compter sur les puissants ! »
(Ps 117, 8-9)

LE TEMPS DE L'OBSERVATION

En arrivant au tombeau « de grand matin », les trois femmes ne savent pas que le Ressuscité les a déjà précédées. La première surprise réside dans le fait que la pierre tombale a été déplacée. Le souci qu'elles se sont fait quant à la difficulté de « rouler la pierre pour dégager l'entrée du tombeau » n'a donc servi à rien. Le tombeau n'est plus clos, il n'est plus refermé sur lui-même, de la lumière, désormais, y entre. Deuxième surprise, dans le tombeau, « un jeune homme vêtu de blanc » les attend. Il sait déjà ce qu'elles viennent chercher. Cet homme est là pour les rassurer, répondre à leurs questions et mettre des mots sur la situation. Sa présence transforme un moment qui aurait dû être angoissant en un dialogue rassurant. Le Ressuscité n'est pas là. Comprendre : il n'est pas là où on l'attend. Alors que tout le monde le croit enfermé dans un tombeau, Jésus précède ses disciples en Galilée. La Résurrection a rendu Jésus libre. Il n'est plus attaché, lié, assigné. Il peut désormais ouvrir la voie pour chacun de ses amis.

LE TEMPS DE LA MÉDITATION

Relevé d'entre les morts, Jésus ouvre la voie. Il devance les femmes au tombeau, les disciples en Galilée, il est le premier d'une multitude de ressuscités. Après la Pâque, le statut de Jésus vient de changer. Il prend les devants sur nos vies et sur nos attentes. Nous devrions prendre très au sérieux les premiers signes des conséquences de la Résurrection sur les disciples. Jésus a désormais un temps d'avance sur nos soucis, sur nos doutes, sur nos espoirs. La Résurrection donne à voir aux disciples que non seulement ils ne sont pas seuls – ce qu'ils devraient déjà savoir ! – mais que Dieu anticipe. Dès lors, toute crainte est inutile, tout souci, démesuré. Les femmes, qui s'inquiétaient du poids de la porte et de l'endroit où trouver Jésus, sont dépassées par la bienveillance de Dieu. Jésus ne fait que mettre en œuvre l'enseignement incarné toute sa vie. Il s'agit à présent de s'en rendre compte. « Là vous le verrez, comme il vous l'a dit. »

LE TEMPS DE LA PRIÈRE

« Clameurs de joie et de victoire sous les tentes des justes : "Le bras du Seigneur est fort, le bras du Seigneur se lève, le bras du Seigneur est fort !" Non, je ne mourrai pas, je vivrai pour annoncer les actions du Seigneur. » (Ps 117, 15-17)

Marie-Laure Durand, bibliste

LES COULEURS DE LA VIE

Vert

Le vert de nos jardins – qui point derrière le gris de l'hiver – est une couleur parfumée. Il a l'odeur des fleurs qui éclosent et des herbes qui germent. Une prière verte, ce serait la prière du jardin de la Résurrection, qui proclame la victoire de la vie sur la mort.

« "Femme, pourquoi pleures-tu ? Qui cherches-tu ?" Le prenant pour le jardinier, elle lui répond : "Si c'est toi qui l'as emporté, dis-moi où tu l'as déposé, et moi, j'irai le prendre." Jésus lui dit alors : "Marie !" »
Jean 20, 15-16

Séquence

À la Victime pascale,
chrétiens, offrez le sacrifice de louange.

L'Agneau a racheté les brebis;
le Christ innocent a réconcilié
l'homme pécheur avec le Père.

La mort et la vie s'affrontèrent
en un duel prodigieux.
Le Maître de la vie mourut;
vivant, il règne.

« Dis-nous, Marie Madeleine,
qu'as-tu vu en chemin ? »

de Pâques

« J'ai vu le sépulcre du Christ vivant,
j'ai vu la gloire du Ressuscité.

J'ai vu les anges ses témoins,
le suaire et les vêtements.

Le Christ, mon espérance, est ressuscité !
Il vous précédera en Galilée. »

Nous le savons : le Christ
est vraiment ressuscité des morts.

Roi victorieux,
prends-nous tous en pitié !

Amen.

PrionsenÉglise

Direction
Directeur de la publication : Pascal Ruffenach.
"Prions en Église" est édité par Bayard, société anonyme à Directoire et Conseil de Surveillance au capital de 16 500 000 €.
18, rue Barbès, 92128 Montrouge Cedex.
Actionnaires : Augustins de l'Assomption (93,7 % du capital), SA Saint-Loup, Association Notre-Dame de Salut.
Directoire : Pascal Ruffenach (président), Dominique Greiner, Florence Guémy et Jean-Marie Montel (directeurs généraux).
Président du Conseil de Surveillance : Hubert Chicou.
Directeur du secteur et directeur des rédactions : Jean-Pierre Denis.

Rédaction
Rédactrice en chef : Karem Bustica.
Rédacteur en chef adjoint : Frédéric Pascal.
Directrice artistique : Pomme Mignon.
Secrétaire général de la rédaction : Nicolas Crouzier.
1er secrétaire de rédaction : Jean-Baptiste Deau.
Secrétaire de rédaction : Véronique Jollé.
Rédactrice graphiste : Maryse Guittet.
Rédactrice photo : Ania Biszewska.
Rédacteurs : Sébastien Antoni, Anne-Quitterie Jozeau.
Assistante : Armelle Gabriel.
Relations lecteurs : Agnès Thépot.

Marketing
Marketing éditeur et développement : Amandine Boivin.
Belgique : Bayard Presse Bénélux, Da Vincilaan, 1 1930 Zaventem. Tél. : 0800 250 38 (de Belgique, gratuit) ou 800 29 195 (du Luxembourg).
librairie-bayard.com
Suisse : Asendia Press Edigroup SA, Chemin du Château-Bloch 10, 1219 Le Lignon, Suisse.
Tél. : 00 41 22 860 84 02.
Mail : abobayard@edigroup.ch

Fabrication : Grégory Cervantes.
Impression : Factory Books & Magazines ; Avda. de la Via Láctea, 1 - 2ª Planta ; Edificio Augusta 28830 San Fernando de Henares (Madrid).

Textes liturgiques : © AELF.
Chants : © Éditeurs. © Bayard et Novalis.
Numéro de commission paritaire : 0425 K 86471 .
Numéro ISSN : 0383-8285.

Février 2024. Dépôt légal à parution.

Couverture : Le lavement des pieds, Pietro Lorenzetti (1280-1348), basilique Saint-François, Assise (Italie).
© Stefan Diller / akg-images.

© AdobeStock

Ce numéro comporte sur la totalité de la diffusion : un livret de 48 pages ; sur une partie de la diffusion : un encart posé CCFD "Carême 2024" et une enveloppe posée Œuvre d'Orient "Campagne 2024".

L'Évangile du mercredi des Cendres

LIRE

ÉVANGILE SELON SAINT MATTHIEU 6, 1-6.16-18

« Quand tu pries, retire-toi dans ta pièce la plus retirée »

En ce temps-là, Jésus disait à ses disciples : « Ce que vous faites pour devenir des justes, évitez de l'accomplir devant les hommes pour vous faire remarquer. Sinon, il n'y a pas de récompense pour vous auprès de votre Père qui est aux cieux.

« Ainsi, quand tu fais l'aumône, ne fais pas sonner la trompette devant toi, comme les hypocrites qui se donnent en spectacle dans les synagogues et dans les rues, pour obtenir la gloire qui vient des hommes. Amen, je vous le déclare : ceux-là ont reçu leur récompense. Mais toi, quand tu fais l'aumône, que ta main gauche ignore ce que fait ta main droite, afin que ton aumône reste dans le secret ; ton Père qui voit dans le secret te le rendra.

« Et quand vous priez, ne soyez pas comme les hypocrites : ils aiment à se tenir debout dans les synagogues et aux carrefours pour bien se montrer aux hommes quand ils prient. Amen, je vous le déclare : ceux-là ont reçu leur récompense. Mais toi, quand tu pries, retire-toi dans ta pièce la plus retirée, ferme la porte, et prie ton Père qui est présent dans le secret ; ton Père qui voit dans le secret te le rendra.

« Et quand vous jeûnez, ne prenez pas un air abattu, comme les hypocrites : ils prennent une mine défaite pour bien montrer aux hommes qu'ils jeûnent. Amen, je vous le déclare : ceux-là ont reçu leur récompense. Mais toi, quand tu jeûnes, parfume-toi la tête et lave-toi le visage ; ainsi, ton jeûne ne sera pas connu des hommes, mais seulement de ton Père qui est présent au plus secret ; ton Père qui voit au plus secret te le rendra. »

Le vitrail de Pâques

Vous pouvez fabriquer votre vitrail : il sera prêt pour dimanche prochain.

VOIR PAGE 8

APPROFONDIR

Dans la joie de l'Esprit

Les versets proposés en ce mercredi des Cendres sont extraits de ce qu'il est convenu d'appeler « la charte du Royaume » (Mt 6 – 7). Ils nous enseignent comment répondre à l'appel que Jésus nous adresse : « Convertissez-vous, car le royaume des Cieux est tout proche » (Mt 3, 2).

LE TEMPS DE LA PRÉPARATION

« Ô mon Dieu, [...] rends-moi la joie d'être sauvé. » (Ps 50, 12.14)

LE TEMPS DE L'OBSERVATION

Les propos de Jésus sur l'aumône, la prière et le jeûne constituent autant d'invitations à expérimenter dès à présent la joie du salut, laquelle passe par une juste relation à l'autre, à Dieu et à soi-même. L'aumône ouvre à autrui, elle est une manifestation de la générosité même de Dieu – qu'elle se décline sur le mode matériel, affectif ou intellectuel. Encore faut-il que celui qui donne n'oublie pas sa propre pauvreté, sa quête d'amour et de reconnaissance. Quant à la prière, elle ouvre à Dieu qui « donne la prière à celui qui prie » (Jean Climaque, VIe-VIIe siècles). Elle apprend à entrer peu à peu dans une relation centrée sur le Donateur et non plus exclusivement sur ses dons. Enfin, le jeûne introduit dans un juste rapport à soi-même, car l'humain n'est pas fait pour s'approprier et dévorer tout ce qui passe à portée de mains. La béance intérieure, parfois ressentie comme un vide douloureux, n'est-elle pas le lieu où s'expérimente que « l'homme ne vit pas seulement de pain » (Dt 8, 3) ?

LE TEMPS DE LA MÉDITATION

Aumône, prière, jeûne nous rappellent que nous sommes des êtres de relation ; ils relèvent d'une réponse à l'« Amour qui nous attend » (cf. Hymne CFC). Nous pouvons nous y rendre « comme au combat », ou « comme à la danse » (voir saint Nicolas de Flüe, XVe siècle). Quoi qu'il en soit, ces trois pratiques nous révèlent tout autant notre grandeur que nos limites : grandeur d'être à l'image de Dieu et d'être appelés à sortir de nous-mêmes, telles les personnes de la Trinité qui ne cessent de se donner l'une à l'autre ; limites, car nous ne pouvons vivre avec justesse l'aumône, la prière et le jeûne sans le secours de l'Esprit qui est « amour [...] répandu en nos cœurs » (Rm 5, 5). En bref, ces trois piliers nous incitent à implorer le Seigneur – quand nous prenons conscience que nous les accomplissons pour la galerie ou pour nous conformer à un idéal de nous-mêmes – et à nous rappeler cette affirmation de Paul : « Si je n'ai pas la charité, [...] je ne suis rien » (1 Co 13, 1-2).

LE TEMPS DE LA PRIÈRE

« Seigneur, ouvre mes lèvres, et ma bouche annoncera ta louange. » (Ps 50, 17)

Emmanuelle Billoteau, ermite

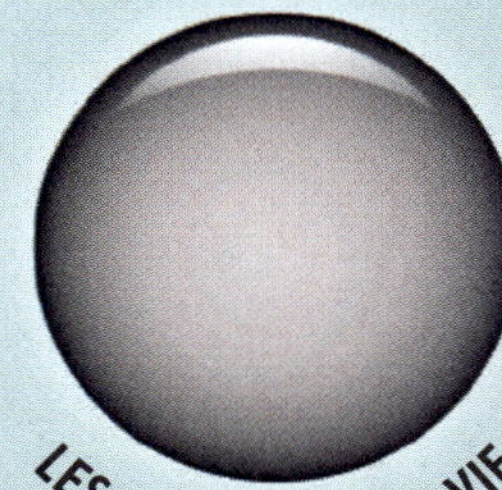

LES COULEURS DE LA VIE

Gris

En ce mercredi, notre front est marqué de cendre. Le Carême nous donne quarante jours pour reprendre des couleurs. Au fur et à mesure que nous approcherons de Pâques, ces couleurs viendront recouvrir le terne gris des cendres.

« De la poussière il relève le faible, il retire le pauvre de la cendre. »
Psaume 112, 7

Le vitrail de Pâques

Pour faire de sa prière une œuvre qui balise, tout en transparence, le chemin vers la Résurrection.

VOIR LE MONTAGE EN PAGE 17

Comment transformer les 7 dessins en vitraux ?

IL VOUS FAUT ★ De l'huile (tournesol, amande douce). ★ Du papier absorbant. ★ 1 assiette plate. ★ 1 tablier. ★ 1 pince à épiler.

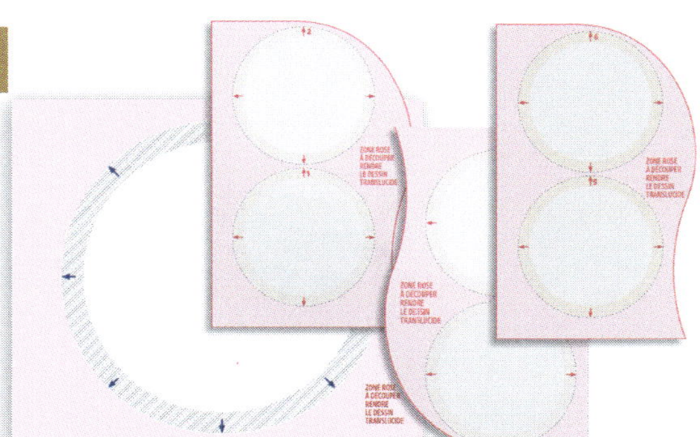

1. Commencez par découper les 4 planches du vitrail (10 à 16) selon les pointillés.

2. En prenant le verso de ces planches, découpez les zones roses. Ce seront ces 7 dessins qui deviendront translucides, comme du vitrail. ••• *(suite au verso)*

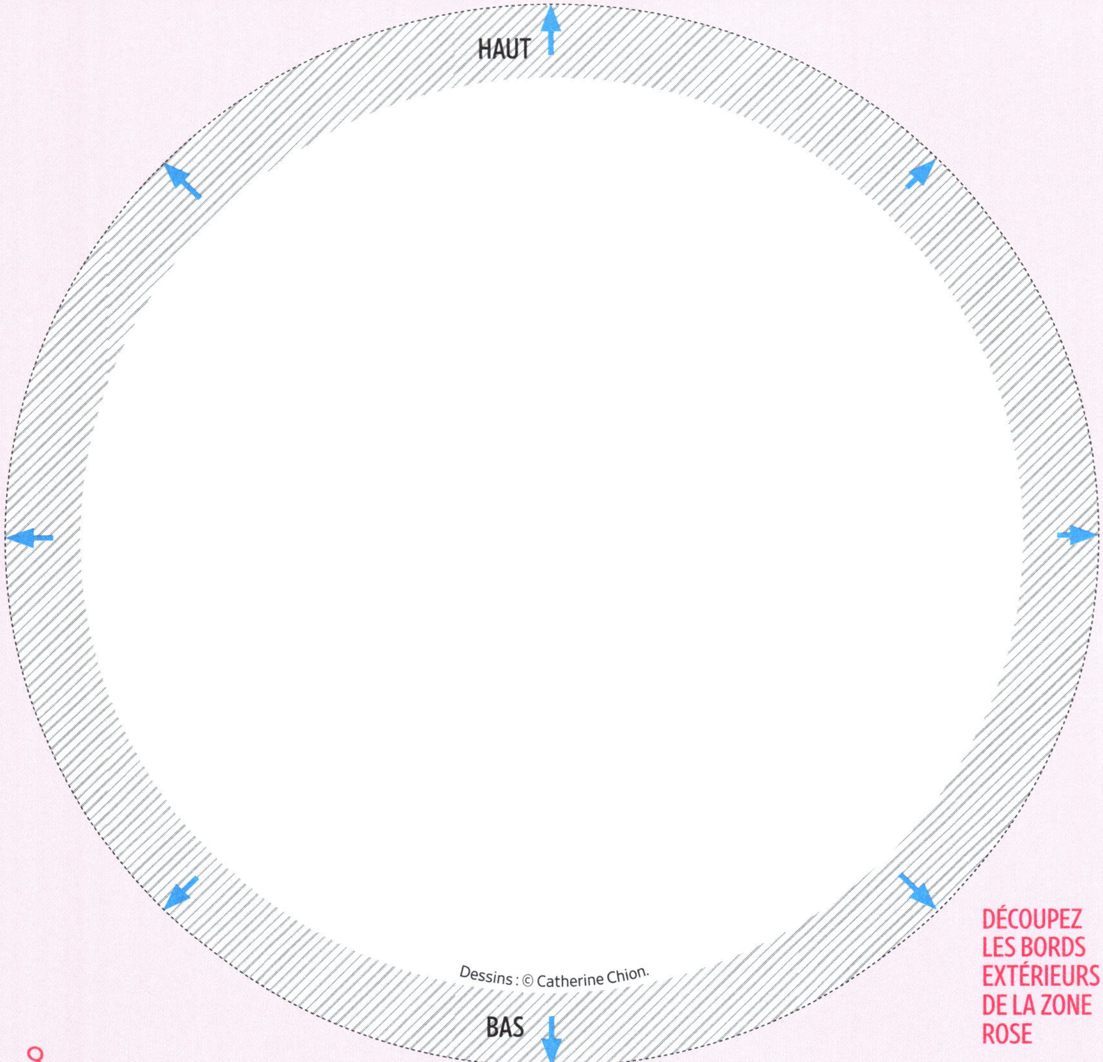

DÉCOUPEZ LES BORDS EXTÉRIEURS DE LA ZONE ROSE

3. Versez l'huile dans l'assiette. Trempez entièrement un à un les papiers dans l'huile.

4. Aidez-vous d'une pince à épiler pour plonger et retirer le papier. Égouttez-le et posez-le sur du papier absorbant. Laissez sécher 24 heures. Le papier doit être saturé en huile mais ne doit plus laisser de gras au toucher.

5. Découpez les vignettes des dessins et collez-les sur le support selon les explications de la page 17.

2e DIMANCHE DE CARÊME

« Et il fut transfiguré devant eux. »

1er DIMANCHE DE CARÊME

« Convertissez-vous et croyez à l'Évangile. »

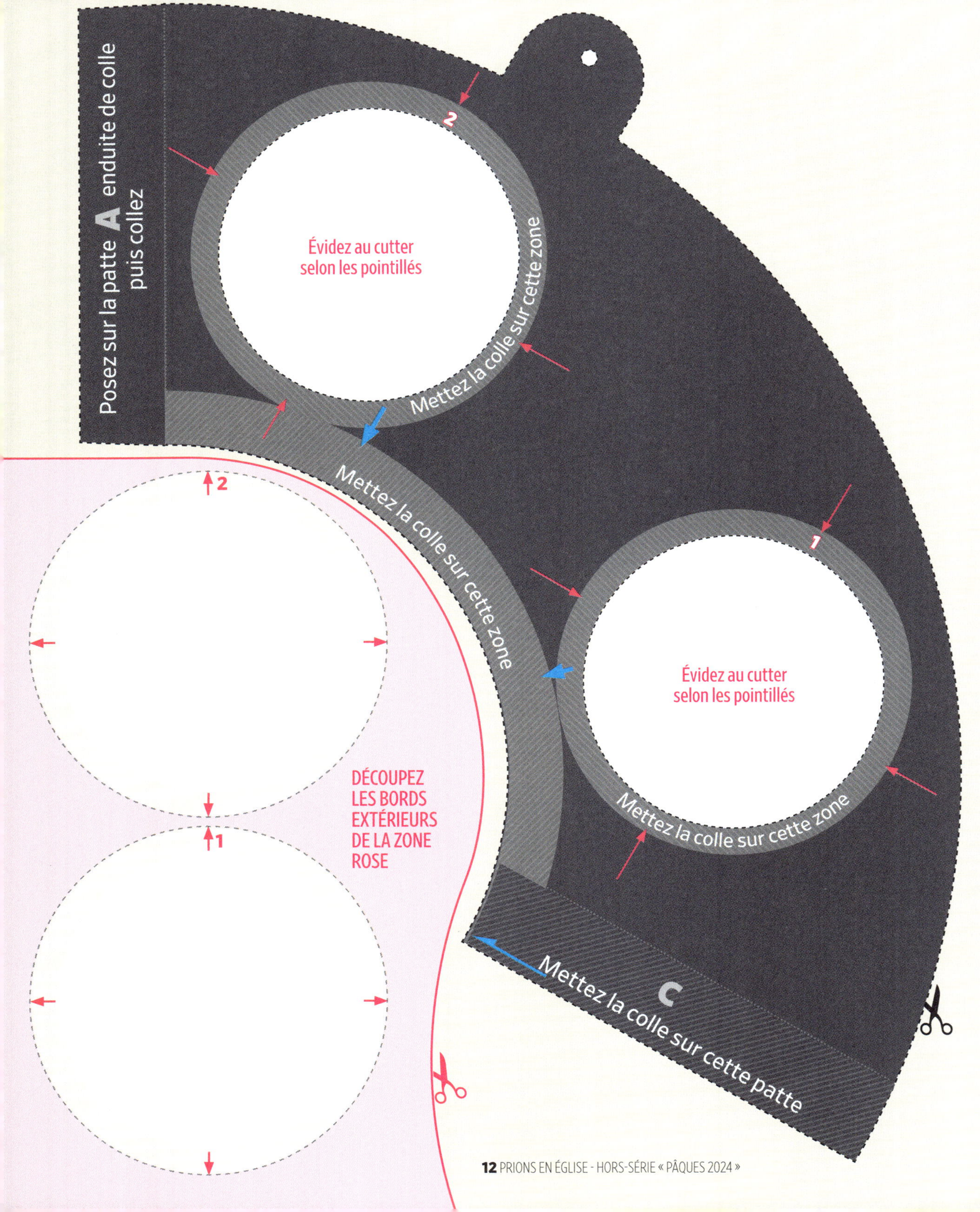
Posez sur la patte A enduite de colle puis collez
Évidez au cutter selon les pointillés
Mettez la colle sur cette zone
2
Mettez la colle sur cette zone
1
Évidez au cutter selon les pointillés
Mettez la colle sur cette zone
2
1
DÉCOUPEZ LES BORDS EXTÉRIEURS DE LA ZONE ROSE
C
Mettez la colle sur cette patte

3E DIMANCHE DE CARÊME
« Ils crurent à l'Écriture, et à la parole que Jésus avait dite. »
4E DIMANCHE DE CARÊME
« La lumière est venue dans le monde. »

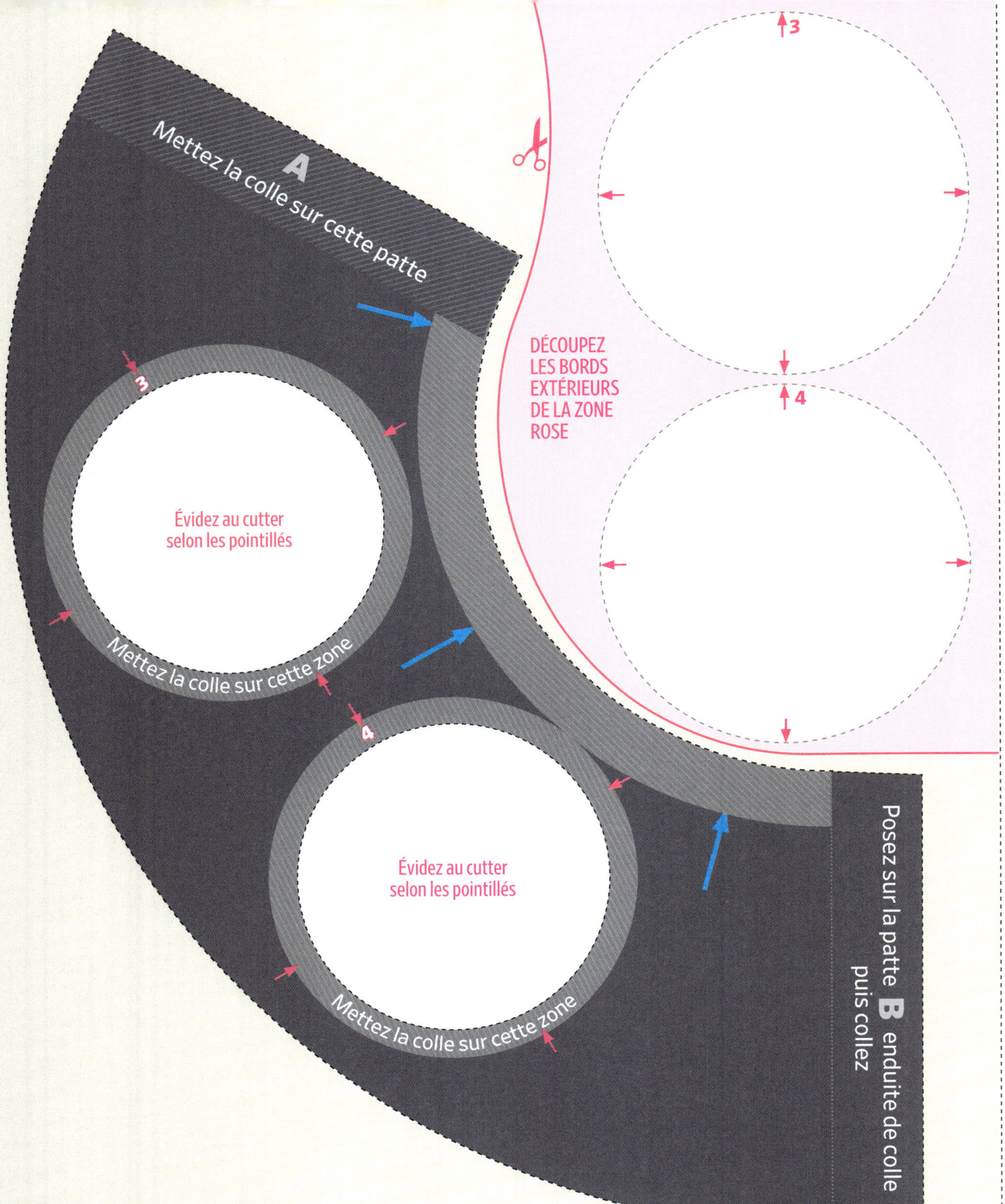
A
Mettez la colle sur cette patte
3
DÉCOUPEZ LES BORDS EXTÉRIEURS DE LA ZONE ROSE
4
Évidez au cutter selon les pointillés
Mettez la colle sur cette zone
Évidez au cutter selon les pointillés
Mettez la colle sur cette zone
Posez sur la patte B enduite de colle puis collez

DIMANCHE DES RAMEAUX
« Hosanna
au plus haut
des cieux ! »
5e DIMANCHE DE CARÊME
« Si le grain
de blé tombé
en terre meurt,
il porte beaucoup
de fruit. »

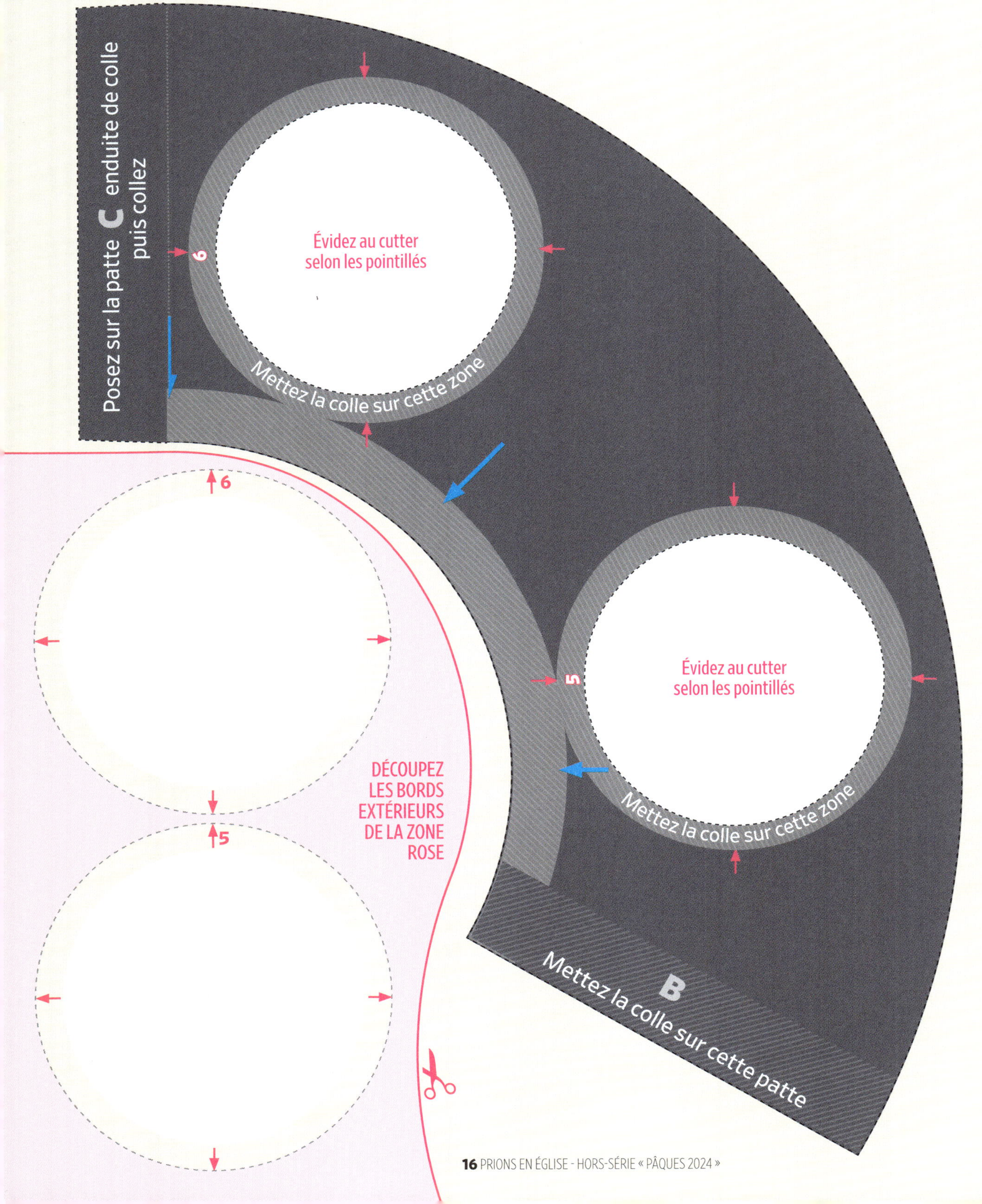
Posez sur la patte C enduite de colle puis collez
6
Évidez au cutter selon les pointillés
Mettez la colle sur cette zone
6
5
Évidez au cutter selon les pointillés
Mettez la colle sur cette zone
DÉCOUPEZ LES BORDS EXTÉRIEURS DE LA ZONE ROSE
5
B
Mettez la colle sur cette patte

Avant de commencer

Reportez-vous page 9 pour savoir comment rendre translucides les sept dessins.

Comment réaliser votre vitrail de Pâques

Le montage se fait **en mettant le dos des planches et des dessins** vers vous.

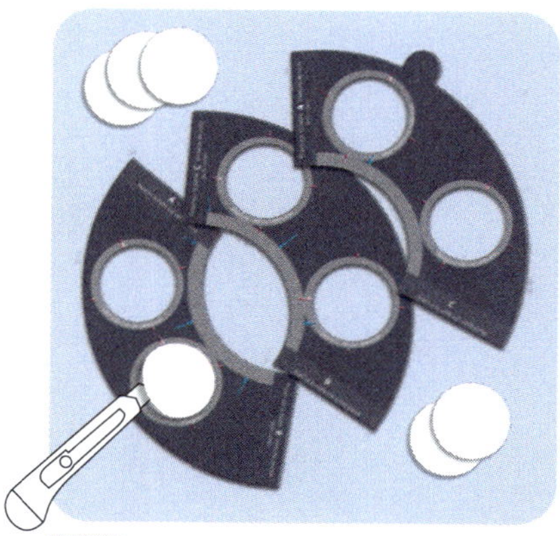

1 Découpez les 3 grandes parties du support du vitrail à l'aide de ciseaux et évidez les 6 disques blancs selon les pointillés, avec un cutter.

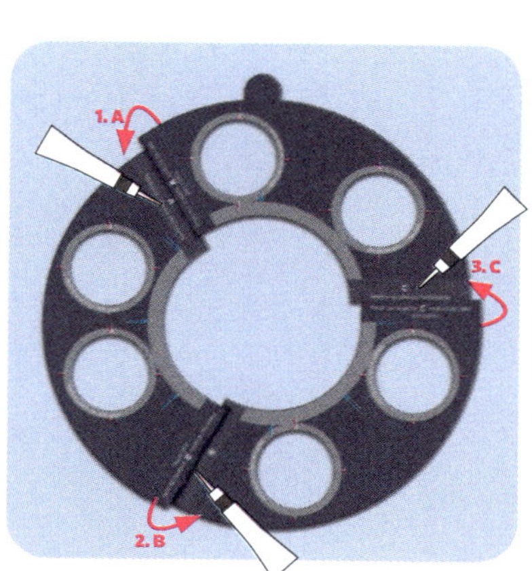

2 Avec de la colle, assemblez les 3 parties entre elles selon les indications annotées dessus.

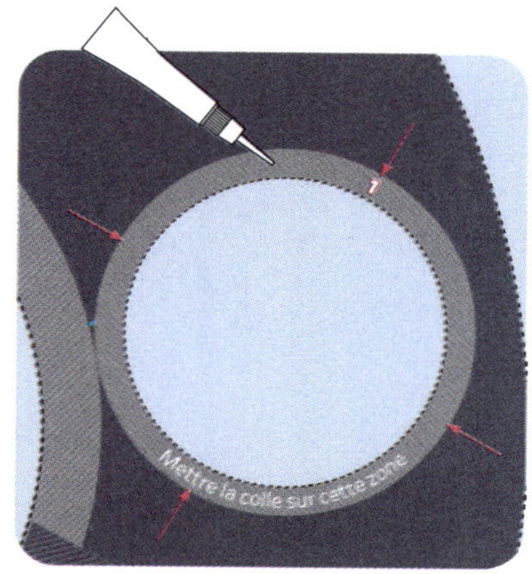

3 Mettez de la colle sur la zone grise hachurée comme indiqué sur le support.

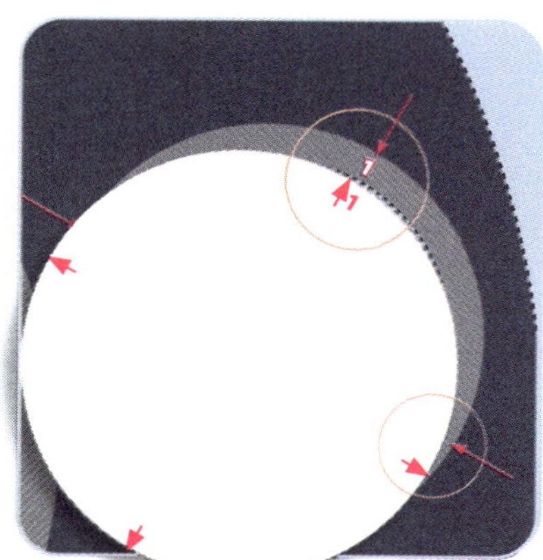

4 En vous aidant des repères (numéro et flèche rose), collez chacune des six petits dessins en suivant les indications.

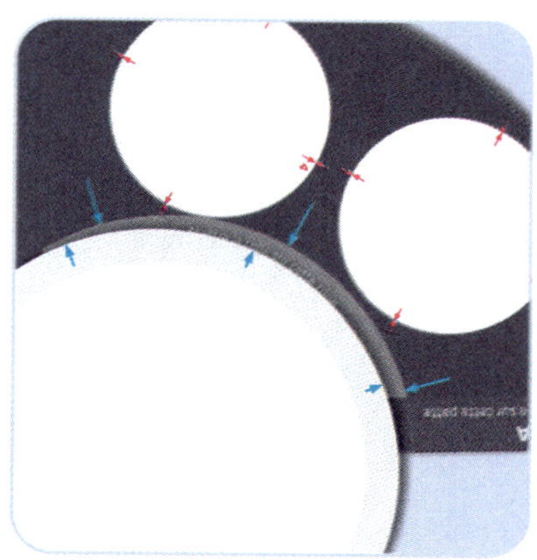

5 Faites de même pour le grand dessin du centre en vous repérant cette fois-ci sur les flèches bleues.

6 Retournez votre ouvrage et suspendez-le devant une source lumineuse.

© Orbon Alija / Getty Images

« Convertissez-vous et croyez à l'Évangile »

Marc 1, 15

L'Évangile du premier dimanche de Carême

LIRE

ÉVANGILE SELON SAINT MARC 1, 12-15

« Convertissez-vous et croyez à l'Évangile »

En ce temps-là, Jésus venait d'être baptisé. Aussitôt l'Esprit le pousse au désert et, dans le désert, il resta quarante jours, tenté par Satan. Il vivait parmi les bêtes sauvages, et les anges le servaient. Après l'arrestation de Jean, Jésus partit pour la Galilée proclamer l'Évangile de Dieu; il disait: « Les temps sont accomplis: le règne de Dieu est tout proche. Convertissez-vous et croyez à l'Évangile. »

Le vitrail de Pâques

Vous pouvez méditer « en couleurs » ce premier dimanche de Carême.

APPROFONDIR

Passerons-nous au désert ?

Et si, pour avoir une conversation courageuse, le désert était le lieu privilégié ? Un lieu qui n'est d'ailleurs pas forcément physique, géographique.

LE TEMPS DE LA PRÉPARATION

« Seigneur, enseigne-moi tes voies, fais-moi connaître ta route. Dirige-moi par ta vérité, enseigne-moi, car tu es le Dieu qui me sauve. C'est toi que j'espère tout le jour en raison de ta bonté, Seigneur. » (Ps 24, 4-5)

LE TEMPS DE L'OBSERVATION

La description est concise, ramassée. Il n'y a aucun superflu dans le descriptif du commencement auquel le texte nous donne d'assister. Le caractère minimaliste de ce style colle avec la simplicité, la radicalité et la fulgurance de ce qui arrive à Jésus. Baptisé dans l'Esprit, il part au désert, lieu sans distraction et sans mondanité. Là, il fait face, seul, aux extrêmes : les anges et les bêtes sauvages, le meilleur et le pire, le plus enviable et le plus repoussant. Confronté à cette situation inconfortable, lavé de toute ambition, il sort de ce lieu de face-à-face avec une conviction, un message : c'est le moment, détournez-vous de vos impasses et soyez fidèles à la Bonne Nouvelle. Lui-même est prêt et ne fera plus désormais que cela. L'évangile, en quelques lignes, va droit au but et expose avec une grande clarté l'intention d'une vie qui sera par la suite incarnée c'est-à-dire vécue, personnifiée, déclinée, approfondie.

LE TEMPS DE LA MÉDITATION

Et s'il y avait dans ces quelques lignes le programme de ces quarante jours de Carême qui commencent ? Le désert n'est pas nécessairement un lieu physique, un endroit géographique retiré. C'est avant tout un espace vaste, une étendue silencieuse dans laquelle le moindre bruit, la moindre parole prend des proportions incroyables. Le désert est ce lieu qui nous permet de rejoindre ce qui, le reste du temps, passe inaperçu, étouffé par notre agitation ou nos inquiétudes. C'est une invitation à rencontrer les anges et les bêtes sauvages que, souvent, nous connaissons déjà. Nous cohabitons généralement sans trop nous croiser tant nous avons peur du face-à-face. Le Carême est le moment pour avoir une conversation courageuse avec ce monde visible et invisible qui fait notre vie. La clarté sur nos intentions passe par là. Le désert constitue un accès privilégié pour se rapprocher du royaume de Dieu.

LE TEMPS DE LA PRIÈRE

« J'ai les yeux tournés vers le Seigneur : il tirera mes pieds du filet. Regarde, et prends pitié de moi, de moi qui suis seul et misérable. »
(Ps 24, 15-16)

Marie-Laure Durand, bibliste

LES COULEURS DE LA VIE

Arc-en-ciel

L'arc-en-ciel apparaît après l'orage, nous rappelant que notre vie prend diverses couleurs selon le temps ou les circonstances. Prier sous l'arc-en-ciel de Dieu, c'est lui demander la grâce de vivre selon toutes ces couleurs, tel un vitrail qui transfigure et déploie la lumière.

« Dieu dit encore : "Voici le signe de l'alliance que j'établis entre moi et vous, et avec tous les êtres vivants […] : je mets mon arc au milieu des nuages, pour qu'il soit le signe de l'alliance entre moi et la terre." »
Genèse 9, 12-13

Frère Patrick Prétot, moine et enseignant

« La prière est une relation »

Le frère Patrick Prétot est moine bénédictin à l'abbaye de la Pierre-qui-Vire et professeur de liturgie à l'Institut catholique de Paris. Il nous invite à réfléchir à la manière dont notre prière peut évoluer et s'enrichir au cours des quarante jours du Carême.

Pourquoi tant insister sur la prière pendant le Carême ?
Le Carême vise la cohérence de nos vies de croyants, comme le rappellent les paroles du prêtre à la messe des Cendres : « Convertis-toi et crois à l'Évangile. » Tout comme le jeûne et l'aumône, la prière nécessite donc des ajustements, sinon elle risque de devenir un monologue, centré uniquement sur notre vision de Dieu et l'illusion de pouvoir le contrôler. Dans l'évangile du premier dimanche du Carême, nous voyons que Jésus a été tenté par des idoles telles que le pouvoir, la richesse et la connaissance. La prière nous rappelle de lâcher prise sur le contrôle et le désir de tout savoir. Elle recentre notre attention sur ce qui compte vraiment. En priant, nous demandons souvent à Dieu de faire notre volonté, mais une vraie prière n'est sûre de rien et n'exige rien, elle a confiance en Dieu.

Vous parlez « d'ajustement de la prière »…
La prière en Carême ne consiste pas simplement à en faire davantage ou à rivaliser avec d'autres. Pour illustrer cela, le pape François a parlé du « venin de la mondanité spirituelle », un obstacle majeur à une vie spirituelle conforme à l'Évangile. Ce « venin » nous enferme dans notre propre perception, nos croyances et nos pensées, créant une sorte de connaissance où nous nous appuyons seulement sur ce que nous pensons savoir. Cela peut aussi se traduire par un subjectivisme où nous pensons avoir toujours raison parce que cela correspond à nos sentiments,

sans être ouverts à la remise en question. D'autre part, ce « venin » peut nous enfermer dans l'idée que la prière est un moyen d'influencer Dieu pour obtenir des résultats concrets et immédiats, comme une procédure administrative. Or, la prière va bien au-delà de cela, elle est une relation profonde avec Dieu.

Y a-t-il un contrepoison à ce « venin de la mondanité spirituelle » ?
La liturgie que donne l'Église peut être considérée comme un antidote. Elle fonctionne comme une grande école de prière qui nous pousse à sortir de nous-mêmes et à nous ouvrir à toute l'Église. Elle nous enseigne, par exemple, l'importance du silence. La tradition nous rappelle que le Carême est un moment de sobriété, où nous réduisons les distractions telles que les chants rythmés ou les alléluias tonitruants. Dans un monde de plus en plus saturé de bruit médiatique constant, le silence dans la liturgie nous aide à nous recueillir et à plonger plus profondément dans la prière, et cela porte du fruit dans toutes les dimensions de notre vie. On se rend compte que prier fait du bien !

Que propose l'Église pour soutenir notre prière pendant le Carême ?
Dans le passé, la pratique prédominante était la récitation des sept psaumes dits « de la pénitence » (les psaumes 6, 31, 37, 50, 101, 129 et 142). Ces psaumes expriment le désir de retour à Dieu du pécheur. Ils étaient inclus dans les livres de prière des fidèles •••

© Patricia Lecomte

POUR ALLER PLUS LOIN

En cette période de Carême, comment puis-je « ajuster » ma prière ?
Comment l'Écriture, et spécialement les psaumes, peuvent-ils être au cœur de ce Carême ?
Quelle place puis-je laisser au silence ?

RENDEZ-VOUS DANS VOTRE JOURNAL DE BORD.

••• depuis le Moyen Âge. Une autre pratique est le chemin de croix. En méditant sur le parcours de Jésus pendant sa Passion, on se prépare à vivre la joie de Pâques, la joie d'être sauvés par le Seigneur.

La prière pendant le Carême viserait donc déjà la célébration de Pâques ?

Bien sûr ! La célébration de Pâques revêt une importance cruciale pour notre foi, comme le souligne saint Paul : « Si le Christ n'est pas ressuscité, notre proclamation est vide » (1 Co 15, 14). Notre prière est à la fois celle des humbles, dans laquelle nous nous présentons devant Dieu non pas en tant que clients avec une liste de demandes, mais en tant que mendiants, en tant que personnes dépourvues de droits. Cependant, en même temps, c'est une prière de ceux qui croient déjà et toujours en la résurrection du Christ. Nous prions parce que nous croyons en la résurrection de Jésus et, par sa mort et sa résurrection, il nous fait participer à sa propre vie. En priant, nous entrons donc dans ce dialogue entre le Père et le Fils, entre Dieu et le Christ ressuscité.

Il n'est pas toujours possible de prier avec d'autres. Comment tenir alors dans la solitude ?

Lorsque nous prions seul, il est facile de rester bloqué et se décourager à répéter les mêmes choses. Les psaumes peuvent vraiment nous aider à dépasser ces moments d'aridité. Ils nous aident à explorer toutes les facettes de nos vies, pas seulement à dire de belles choses à Dieu. Les psaumes nous guident à travers nos joies, nos remerciements pour les dons de Dieu, nos moments de détresse et d'angoisse, nos demandes de pardon, et nos moments de louange. Dire les psaumes ouvre nos cœurs à la grâce.

Et vous, quel type de prière privilégiez-vous pendant le Carême ?

La pratique de la lectio divina, c'est-à-dire la lecture priante des Écritures. Il s'agit de lire très lentement un texte biblique, de l'interpréter, de le prier, et d'en tirer des enseignements pour sa propre vie.
Modestement, si j'avais un conseil à donner, ce serait celui que j'essaie de vivre : ne vous inquiétez pas trop de savoir « comment » prier, mais concentrez-vous sur « qui » vous priez. Cela peut être un objectif pour ce Carême, et bien au-delà. ■

Propos recueillis par Sébastien Antoni

LES ANGES GARDIENS DE
Robin

© Robin pour *Panorama*

[PARTAGER]

Trois idées pour un Carême

Il existe différentes manières de vivre le Carême jour après jour. De nombreuses paroisses ou communautés fourmillent d'idées.

WikimediasCommons

Christ mort soutenu par deux anges, Giovanni Bellini, musée Correr, Venise (Italie).

Texte: Sophie Pelloux-Prayer

ACCUEILLIR L'ART POUR DIRE LE SACRÉ

Une heure de méditation à partir d'œuvres d'art, c'est la proposition du père Axel Isabey, chapelain de Notre-Dame du Haut à Ronchamp (Haute-Saône), pour faire du mercredi des Cendres un temps de ressourcement.

Depuis plus de quinze ans, cet amoureux des arts invite plusieurs fois par an tous ceux qui le souhaitent, chrétiens ou non, à des temps de partage mêlant art et foi. Pour le Carême 2024, les tableaux de Giovanni Bellini serviront de porte d'entrée à la réflexion et à l'intériorité. Comment ? En se laissant interroger, surprendre par les œuvres de l'artiste italien de la Renaissance.

« Le but est d'ouvrir un véritable dialogue autour de ces tableaux, dans le respect et la liberté. Pour cela, nul besoin d'avoir une haute culture d'histoire de l'art », précise le chapelain. Attirant entre cinquante et soixante-dix personnes, en particulier des jeunes, certaines méditations sont en ligne sur YouTube et à retrouver sur le site diocésain de Besançon.

www.diocese-besancon.fr

DES COMPOSITIONS FLORALES POUR OUVRIR À L'INVISIBLE

© Bertrand Gaudillière

Monique Faure

Comment partager notre lecture des évangiles ? Peut-être, comme Monique Faure du diocèse de Saint-Étienne (Loire), en mettant ses talents au service de la liturgie. Tout au long du Carême, cette formatrice à la pastorale liturgique et sacramentelle propose sur le site internet du diocèse un « parcours floral ». Pas besoin d'être fleuriste pour symboliser l'invisible. « Je conseille à chaque personne qui souhaite fleurir une église ou une chapelle de se promener dans la nature. Au moment du Carême, c'est une source d'inspiration inépuisable qui fait écho avec le récit de la mort et de la résurrection du Christ. Car la nature, que l'on croyait morte, renaît », souligne Monique Faure. Deux pierres qui symbolisent un tombeau, une branche de bois mort d'où rejaillit une gerbe, un peu de sable et de caillasse rappelant le désert… Les compositions florales de Monique Faure, personnelles et étonnantes, évoluent au fil des dimanches. Touchant même des visiteurs non chrétiens, cet art symbolique offre au spectateur d'élever le regard vers quelque chose qui le dépasse… Un temps de méditation et de partage à découvrir sur le site internet du diocèse de Saint-Étienne.

www.diocese-saintetienne.fr

JEÛNER ENSEMBLE

Membre de la Maison du 60 dans la périphérie de Lille (Nord), le frère dominicain Jean-Laurent Valois organise chaque année une semaine de jeûne avec les habitants du quartier. « Dans une logique d'écologie intégrale, nous avons voulu proposer à des gens issus de la précarité de changer leurs habitudes alimentaires et d'entrer dans une logique du "care", du soin. Le but est de prendre soin de la fragilité de la planète… et de celle de l'humanité », explique le dominicain. Ces sessions de jeûne sont rythmées par des temps d'échange, de prières, de randonnées et de repos. « Quelle que soit la motivation des jeûneurs, nous vivons tous un temps de purification physique et spirituelle »,

AdobeStock

affirme-t-il. « À l'issue d'un jeûne comme celui-là, on prend conscience de ce qui est essentiel et de l'accessoire. On en sort avec des résolutions qui, quelque part, sont déjà mises en place. » Rappelant l'importance du jeûne non seulement dans la tradition chrétienne, mais dans toute pratique religieuse, le frère Jean-Laurent Valois invite ceux qui le peuvent à prendre le temps de cette « profonde respiration ».

maisondu60.fr

Et avec prionseneglise.fr

Du mercredi des Cendres au saint jour de Pâques, *Prions en Église* propose le parcours « Prier en tout temps ou presque ». Accessible sur le site ou l'application, le parcours recueille plus de 40 prières inédites et des mélodies qui élèvent l'âme vers Dieu. Chaque jour, découvrez des prières pour tous les moments de la journée, petits ou grands : une prière au réveil, une autre devant la machine à café de votre temps de pause, en préparant la cuisine ou en écoutant de la musique…

« Et il fut transfiguré devant eux » **Marc 9, 2**

L'Évangile du deuxième dimanche de Carême

LIRE

ÉVANGILE SELON SAINT MARC 9, 2-10

« Et il fut transfiguré devant eux »

En ce temps-là, Jésus prit avec lui Pierre, Jacques et Jean, et les emmena, eux seuls, à l'écart sur une haute montagne. Et il fut transfiguré devant eux. Ses vêtements devinrent resplendissants, d'une blancheur telle que personne sur terre ne peut obtenir une blancheur pareille. Élie leur apparut avec Moïse, et tous deux s'entretenaient avec Jésus. Pierre alors prend la parole et dit à Jésus : « Rabbi, il est bon que nous soyons ici ! Dressons donc trois tentes : une pour toi, une pour Moïse, et une pour Élie. »

De fait, Pierre ne savait que dire, tant leur frayeur était grande. Survint une nuée qui les couvrit de son ombre, et de la nuée une voix se fit entendre : « Celui-ci est mon Fils bien-aimé : écoutez-le ! » Soudain, regardant tout autour, ils ne virent plus que Jésus seul avec eux. Ils descendirent de la montagne, et Jésus leur ordonna de ne raconter à personne ce qu'ils avaient vu, avant que le Fils de l'homme soit ressuscité d'entre les morts. Et ils restèrent fermement attachés à cette parole, tout en se demandant entre eux ce que voulait dire : « ressusciter d'entre les morts ».

Le vitrail de Pâques

Vous pouvez méditer « en couleurs » le deuxième dimanche de Carême.

APPROFONDIR

Consentir à l'écart

La Transfiguration se retrouve à chacun de nos parcours de Carême, à la différence d'autres épisodes de la vie de Jésus qui n'apparaissent que sur l'une ou l'autre des trois années liturgiques. C'est dire l'importance que l'Église attribue à cet événement, au vu du sens dont il est porteur.

LE TEMPS DE LA PRÉPARATION

« Seigneur, [...] qui habitera ta sainte montagne ? »
(Ps 14, 1)

LE TEMPS DE L'OBSERVATION

Jésus emmène trois de ses disciples « à l'écart » sur la haute montagne de la révélation et de la rencontre. Écart et ascension ponctuent leur périple. Écart, parce qu'il est important de savoir sortir de son cadre habituel (géographique, social, mais surtout mental et affectif) pour se rendre disponible à l'inattendu de Dieu. Ascension, car ce type de démarche ne se fait pas sans effort, sans essoufflement, sans prise de distance avec un quotidien qui, parfois, nous rive au sol et nous empêche d'embrasser l'horizon que Dieu nous offre. L'expérience se déroule ici en deux temps : transfiguration de Jésus qui s'entretient avec Moïse et Élie – représentant respectivement la Loi et les Prophètes ; nuée d'où se fait entendre la voix du Père désignant Jésus comme son « Fils bien-aimé ». L'écart et la montée ont permis aux disciples de connaître, à une autre profondeur, l'homme avec lequel ils cheminaient et par lequel ils se laissaient enseigner et guider.

LE TEMPS DE LA MÉDITATION

À nous de nous laisser conduire à l'écart par l'Esprit, pour redécouvrir le Christ, vrai Dieu et vrai homme, lui qui a librement donné sa vie, le Christ vainqueur des puissances de la mort par sa résurrection. La tentation n'est-elle pas de nous contenter de ce que nous savons déjà, alors que l'Esprit nous suggère de poursuivre la route, de nous ouvrir à de nouvelles expériences de compagnonnage avec Jésus : dans la méditation, la prière, la contemplation ; au cœur de notre quotidien réinvesti d'un regard neuf et éclairé par l'écoute de la parole du Bien-aimé qui nous ancre dans un réel, ouvert sur cet avenir qu'il est pour nous ? Et ce, malgré les drames humains qui déchirent notre monde en proie à la violence et à la guerre. Car notre incompréhension peut devenir cri de supplication lesté d'espérance, ainsi qu'engagement aux côtés de ceux qui luttent pour faire respecter chacun des « enfants de l'homme » (Ps 44, 3).

LE TEMPS DE LA PRIÈRE

« Heureux les hommes dont tu es la force : des chemins s'ouvrent dans leur cœur ! »
(Ps 83, 6)

Emmanuelle Billoteau, ermite

LES COULEURS DE LA VIE

BLANC

La blancheur des cheveux des vieillards invite au respect autant qu'elle annonce la perspective de la mort. La prière blanche, ce serait la prière de l'ultime face-à-face. Celui que vivent par anticipation Pierre, Jacques et Jean, face à Jésus transfiguré.

« Jésus prit avec lui Pierre, Jean et Jacques, et il gravit la montagne pour prier. Pendant qu'il priait, l'aspect de son visage devint autre, et son vêtement devint d'une blancheur éblouissante. »
Luc 9, 28-29

Frédéric et Nolwenn Jamois

« Jésus passe par la parole de l'autre »

Frédéric et Nolwenn Jamois sont communautaires du Chemin Neuf et installés à Villeneuve-d'Ascq (59). Sur un ton joyeux, ces parents de quatre enfants confient une part de leur vie de couple : la prière à deux. Dans ce dialogue avec Dieu, le couple se laisse conduire par lui.

Vous êtes mariés depuis quinze ans. Est-ce que vous arrivez à prier ensemble ?

Frédéric : On essaie *[rires]*. Nolwenn est très demandeuse. Moi, j'ai un petit blocage : j'ai toujours peur de m'adresser à Dieu en sachant que Nolwenn m'écoute, je ne trouve pas ça très naturel.

Nolwenn : La prière est un lieu très intime. Et même si, en couple, on partage des choses très personnelles, la prière est un autre lieu d'intimité qu'on n'a pas forcément l'habitude de partager. Et puis nous avons chacun nos manières de prier.

Frédéric : Commencer à prier par un chant, au début, ça me bloquait.

Nolwenn : Cela demande de communiquer : « Moi, j'aime bien quand on prie de cette manière-là », « Moi, je préfère ça »...

Avez-vous une manière de prier propre à votre couple ?

Nolwenn : Cela dépend des moments et des circonstances. Nous n'avons pas forcément de rituels de couple ni de prières à réciter par cœur. Mais nous avons des outils, la prière d'alliance notamment : merci, pardon, s'il te plaît. Cela permet de relire un moment et de vivre un temps à deux, tout en s'adressant au Seigneur.

Frédéric : Nous utilisons aussi parfois une application de prière : nous nous retrouvons après le petit-déjeuner et nous nous laissons complètement guider pendant dix minutes.

Nolwenn : Prier ensemble, cela demande de la volonté et cela exige une organisation. Je crois que Jésus est très sensible quand un couple prie ensemble. Cela porte forcément des fruits.

Est-ce que, quand vous vous êtes mariés, la prière était importante pour vous deux ?

Nolwenn : Nous étions tous les deux proches du Seigneur, nous voulions vivre en tant que chrétiens et construire notre vie sur le Christ. La prière en couple n'était pas en soi un objectif que nous nous étions fixé.

Frédéric: Nous l'avons découvert plus tard, lorsque nous nous sommes engagés au Chemin Neuf, d'abord en tant que couple, puis en tant que famille. Au sein de la communauté, les discernements sont à faire en couple. Lorsqu'il y a des choix à poser dans la communauté, le premier réflexe de tout accompagnateur est de nous laisser partir prier ensemble, en nous demandant ensuite ce que nous avons reçu dans la prière.

La communauté du Chemin Neuf vous a donc aidés à prier ensemble...

Nolwenn: Nous y avons appris à prier avec le « dialogue contemplatif ». Nous prions chacun avec un texte, avant de partager à l'autre, puis de repartir prier avec ce que nous a dit notre conjoint. Le Seigneur passe beaucoup par notre époux: j'ai expérimenté à de nombreuses reprises que telle parole prononcée ou reçue par Fred m'était destinée. Dorénavant, nous fonctionnons ainsi quand nous devons prendre des décisions importantes.

À vous entendre, prier, c'est du concret.

Nolwenn: La vie spirituelle: c'est incarné! J'aime prier avec les questions d'organisation familiale: les prochaines vacances, par exemple. Je prie pendant quinze jours avec cette question. En la confiant dans ma prière, je la remets entre les mains du Seigneur, évidemment, mais aussi à Frédéric, qui va lui aussi la porter dans sa prière. Prier avec une question oblige à s'en désapproprier.

À plus forte raison sur les questions de discernement...

Nolwenn: Les moments de discernement demandent de se mettre ensemble devant le Seigneur.

© Aimée Thirion

Frédéric: Lorsque nous avons quitté Nancy pour venir nous installer dans le Nord pour la communauté du Chemin Neuf, cela n'allait pas du tout de soi. Lâcher notre maison et un travail dans lequel je m'épanouissais n'était pas imaginable. Notre évangile de mariage sur la providence (Mt 6, 25-34) a pris beaucoup de sens dans ce moment de discernement. Dans notre parcours d'engagement communautaire, ce texte revient régulièrement. La prière et ce texte nous ont rendus heureux dans cette décision. •••

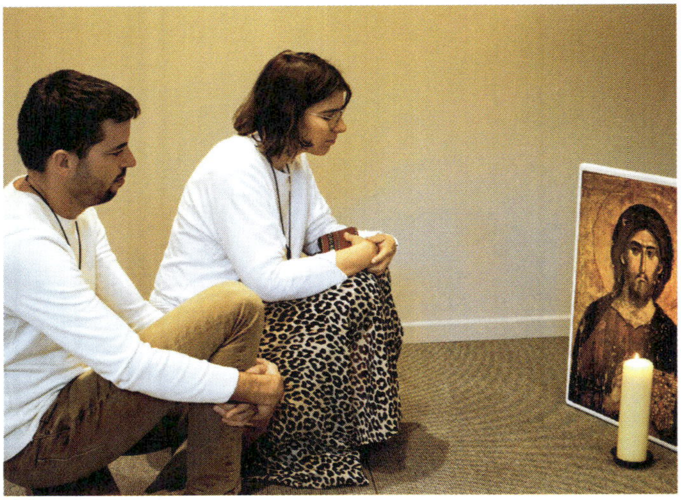

© Aimée Thirion

••• **Y a-t-il eu des situations plus difficiles que vous avez confiées dans votre prière ?**

Frédéric: Au moment de la pandémie et des confinements, c'était compliqué avec Alice, notre fille aînée. Elle ne pouvait plus rester enfermée et faisait des crises. Nous ne savions plus quoi faire. Face à des grosses difficultés comme celle-ci, la prière en couple revient plus naturellement, car c'est notre seule solution. Nous étions complètement démunis, nous n'avions plus que le Seigneur. Nous avons beaucoup prié ensemble, puis avec Alice.

Nolwenn: Nous ne savions pas comment répondre à sa détresse. La prière a permis de réenclencher un dialogue. Une porte était ouverte et nous avons trouvé des solutions.

RENDEZ-VOUS DANS VOTRE JOURNAL DE BORD. P. 14

POUR ALLER PLUS LOIN

Que suis-je invité à vivre, avec mon conjoint, dans notre prière conjugale, pendant ce Carême ?

Comment ma prière est-elle un dialogue ? Avec mon conjoint, des amis, en communauté, des défunts, le Tout-Autre... ?

Quand je prie avec d'autres, y a-t-il des choses qui m'intimident, comme Frédéric ?

Votre prière conjugale est-elle alimentée par votre quotidien ?

Nolwenn: La prière personnelle nourrit le dialogue en couple. Nous avons des temps d'échange, de discussions, nourris par ce que nous vivons chacun de notre côté.

Frédéric: Plus que des temps de prière à deux, nous vivons surtout ensemble un chemin spirituel nourri de notre quotidien, de notre prière personnelle, de la relecture et de l'accompagnement que nous avons chacun de notre côté. Par exemple, en ce moment, sur les conseils de nos accompagnateurs spirituels respectifs, nous reprenons les notes de nos dernières retraites pour voir comment elles continuent à porter du fruit. Après chaque retraite spirituelle, nous nous disons que nous allons augmenter nos exigences de prière en couple. Mais cela s'estompe assez vite. Nous avons une marge de progression !

Nolwenn: Nous devrions faire des retraites en couple plus régulièrement ! Grâce à la prière, je découvre des choses sur mon couple. C'est très beau de prier ensemble. C'est étonnant que cela soit si difficile à choisir alors que les fruits sont nombreux. Nous devrions prier à deux plus souvent: ça nous apporte tellement ! ■

Propos recueillis par Anne-Quitterie Jozeau

Colombes messagères

Pour Pâques, réalisez ces colombes à suspendre ou à poser.

IL VOUS FAUT
★ **Le patron de la colombe ci-contre.**
★ **Des feuilles blanches type bristol.** ★ **Des feuilles format A4 fines pour les ailes.**
★ **Des ciseaux et un cutter.**

1. Pliez le bristol 2 fois dans la hauteur et coupez au milieu.
2. Photocopiez le patron et découpez-le.
3. Calez le patron le long du pli pour tracer son contour. Faites de même avec le 2e morceau B.
4. Découpez ces contours et entaillez les traits obliques. Vous obtenez quatre formes pour faire quatre colombes.
5. Tracez et marquez les pliages de la queue puis relevez-la.
6. Pliez la feuille A4 en accordéon.
7. Arrondissez l'accordéon aux extrémités et pliez-le en deux .
8. Passez ce pliage dans les entailles et déployez les ailes.
9. Dessinez un œil, écrivez quelques mots ou un prénom.
10. Pour suspendre la colombe, passez le fil à l'intérieur.

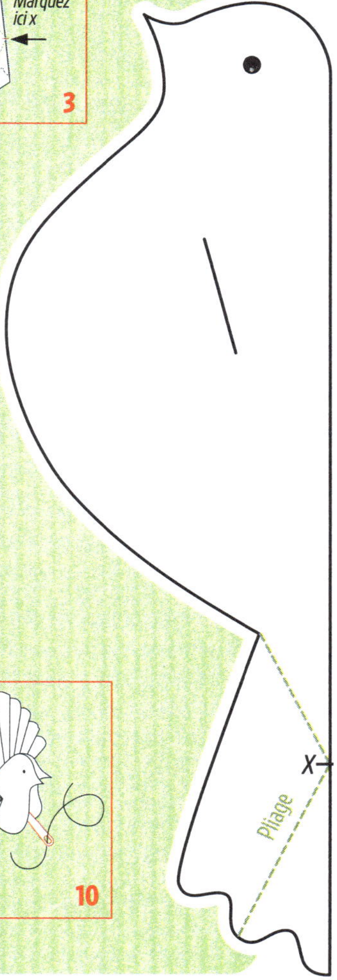

Conception et réalisation : © Béatrice Basteau

C'est la confiance!

Le 15 octobre 2023, le pape François a publié l'exhortation apostolique *C'est la confiance!* consacrée à Thérèse de Lisieux, la patronne des missions. Dans cette lettre pastorale, le pape offre des réflexions sur les priorités de l'Église pour notre temps.

1. La source de la grâce

« C'est la confiance et rien que la confiance qui doit nous conduire à l'amour. » Par la confiance, la source de la grâce déborde dans nos vies.

Thérèse de Lisieux a longtemps lutté contre ses propres doutes, ainsi que contre la vision erronée de Dieu à son époque. Cette conception présentait Dieu comme un « père fouettard ». Le moment décisif de sa vie fut sa compréhension que la confiance en l'amour miséricordieux et gratuit de Dieu permettait de surmonter ses peurs et angoisses.

Peut-être vais-je vivre le sacrement de réconciliation au cours de ce Carême ? Une proposition pour le préparer se trouve page 41 du journal de bord.

2. L'ascenseur vers le ciel

Pour décrire sa « petite voie », Thérèse utilise l'image de l'ascenseur : « L'ascenseur qui doit m'élever jusqu'au ciel, ce sont vos bras, ô Jésus! Pour cela je n'ai pas besoin de grandir, au contraire il faut que je reste petite, que je le devienne de plus en plus. »

L'ascenseur venait d'être récemment inventé au moment où Thérèse écrit. Cette invention se popularisait et commençait à être intégrée dans les immeubles et les grands magasins. Même si elle vivait retirée au carmel, la jeune religieuse se tenait au courant des nouveautés technologiques. Elle en tira une méditation simple et pertinente pour illustrer son approche de la foi. Elle comparait la décision de monter dans un ascenseur à la confiance en la grâce divine, permettant à l'âme d'être élevée vers le ciel.

Un ascenseur parcourt plusieurs étages jusqu'à atteindre celui que l'on désire. De la même manière, je prends du recul pour revisiter ma vie spirituelle en notant les différentes étapes, les moments marquants et les rencontres.

Texte: Sébastien Antoni

3. Évangélisation par attraction

Thérèse conçoit l'évangélisation par attraction, [...] elle le résume : « Attirez-moi, nous courrons à l'odeur de vos parfums. Ô Jésus, il n'est donc même pas nécessaire de dire : "En m'attirant, attirez les âmes que j'aime." Cette simple parole : "Attirez-moi" suffit. »

Les démarches d'évangélisation contemporaines sont parfois associées à des techniques. Le pape, à plusieurs reprises au cours de son pontificat, a souligné que l'Évangile seul attire ! Cette attraction repose sur la cohérence de vie des baptisés. L'évangélisation consiste avant tout à être attiré par le Christ et non par une idéologie ou un pouvoir.

Je profite du Carême pour me recentrer sur le Christ en prenant le temps de réfléchir à ce qui « m'attire » en Jésus. J'utilise mes réflexions pour composer une prière d'action de grâce.

4. L'Église au cœur

« Oui j'ai trouvé ma place dans l'Église et cette place, ô mon Dieu, c'est vous qui me l'avez donnée dans le cœur de l'Église, ma Mère, je serai l'amour, ainsi je serai tout [...]. » Ce n'est pas le cœur d'une Église triomphaliste, c'est le cœur d'une Église aimante, humble et miséricordieuse.

Il est impératif de reconnaître les multiples crises auxquelles l'Église est confrontée, de réparer le mal commis et de travailler à bâtir le royaume de Dieu. Comment y parvenir ? Le pape rappelle la méthode de Thérèse qui offre une piste pour dépasser le mal, le sien, ceux du monde et de l'Église : choisir de rester dans l'Église et de se donner à l'amour joyeusement en prenant pour seul modèle le Christ.

Les réseaux sociaux ont donné une voix à chacun, tout le monde peut donner son avis sur tout. Mais cette liberté s'accompagne parfois de discours violents. Et si je décidais de m'éloigner de ces discussions qui alimentent les conflits jusque dans l'Église ?

5. Docteur synthétique !

À un moment de complexité, Thérèse peut nous aider à redécouvrir la simplicité, la primauté absolue de l'amour, la confiance et l'abandon [...]. En un temps de replis et d'enfermements, Thérèse nous invite à une sortie missionnaire.

Il y a une hiérarchie des vérités de foi, ceci vaut autant pour les dogmes que pour l'ensemble des enseignements de l'Église, y compris l'enseignement moral. François affirme que l'apport spécifique de Thérèse n'est pas analytique, comme pourrait l'être par exemple celui de saint Thomas d'Aquin. Son apport est plutôt synthétique, car son génie est de nous conduire à l'essentiel, au plus indispensable. Voilà ce qui doit donc guider l'annonce joyeuse du cœur de la foi.

Thérèse est la patronne des missions. Dans une démarche d'aumône, je peux faire un don à une association ou une congrégation missionnaire.

C'est la confiance
Pape François
Collection Documents des Églises, Bayard, Cerf, Mame, 96 pages.

« Ils crurent à l'Écriture et à la parole que Jésus avait dite »

Jean 2, 22

L'Évangile du troisième dimanche de Carême

Le vitrail de Pâques

Vous pouvez méditer « en couleurs » le troisième dimanche de Carême.

LIRE

ÉVANGILE SELON SAINT JEAN 2, 13-25

« Ils crurent à l'Écriture et à la parole que Jésus avait dite »

Comme la Pâque juive était proche, Jésus monta à Jérusalem. Dans le Temple, il trouva installés les marchands de bœufs, de brebis et de colombes, et les changeurs. Il fit un fouet avec des cordes, et les chassa tous du Temple, ainsi que les brebis et les bœufs; il jeta par terre la monnaie des changeurs, renversa leurs comptoirs, et dit aux marchands de colombes: « Enlevez cela d'ici. Cessez de faire de la maison de mon Père une maison de commerce. » Ses disciples se rappelèrent qu'il est écrit: *L'amour de ta maison fera mon tourment.* Des Juifs l'interpellèrent: « Quel signe peux-tu nous donner pour agir ainsi ? » Jésus leur répondit: « Détruisez ce sanctuaire, et en trois jours je le relèverai. » Les Juifs lui répliquèrent: « Il a fallu quarante-six ans pour bâtir ce sanctuaire, et toi, en trois jours tu le relèverais ! » Mais lui parlait du sanctuaire de son corps.

Aussi, quand il se réveilla d'entre les morts, ses disciples se rappelèrent qu'il avait dit cela; ils crurent à l'Écriture et à la parole que Jésus avait dite. Pendant qu'il était à Jérusalem pour la fête de la Pâque, beaucoup crurent en son nom, à la vue des signes qu'il accomplissait. Jésus, lui, ne se fiait pas à eux, parce qu'il les connaissait tous et n'avait besoin d'aucun témoignage sur l'homme; lui-même, en effet, connaissait ce qu'il y a dans l'homme.

APPROFONDIR

Un temps pour Dieu

Comme le Temple de Jérusalem, le Carême préserve un espace pour renouveler la relation à Dieu.

LE TEMPS DE LA PRÉPARATION

« *Alors Dieu prononça toutes les paroles que voici : "Je suis le Seigneur ton Dieu, qui t'ai fait sortir du pays d'Égypte, de la maison d'esclavage."* » (Ex 20, 1-2)

LE TEMPS DE L'OBSERVATION

On imagine sans peine comment cet épisode a dû rester dans la mémoire des disciples. C'est le seul passage des évangiles qui nous montre un Jésus excédé, insupporté par le commerce autour du Temple. Mais pourquoi Jésus renverse-t-il les tables, au sens strict du terme ? Il voit plus loin que le commerce proposé par ces quelques personnes qui tentent de gagner leur vie en vendant des animaux destinés aux sacrifices. La relation à Dieu n'est une question ni de commerce, ni de troc, ni de chantage affectif. Les sacrifices faits au Temple relèvent d'une tradition ancienne selon laquelle quelque chose de soi est offert à Dieu pour renouer la relation. Les commerçants laissent croire que cette relation peut se résumer à un achat de dernière minute, une formalité pour ceux qui possèdent un porte-monnaie un peu plein. C'est donc toute une théologie concernant la relation à Dieu qui est mise en péril par ces vendeurs.

LE TEMPS DE LA MÉDITATION

L'énervement de Jésus est en lien avec l'importance de ce qui se joue. La relation à Dieu ne s'achète pas, elle se reçoit. Le commerce, qu'il soit d'objets, d'êtres vivants ou de places à atteindre fausse dangereusement les perspectives. Avant sa mort, Jésus le dira encore plus clairement : « Je ne vous appelle plus serviteurs mais amis » (cf. Jn 15, 15). Il invite à faire attention au logiciel que l'on utilise pour penser la relation à Dieu. Sa théologie est assez simple à comprendre et très difficile à mettre en œuvre. Il s'agit de sortir d'un lien utilitaire pour entrer dans une relation faite de présence et de rencontres. Le Carême ressemble un peu au Temple de Jérusalem. Ce n'est pas un espace, mais un temps réservé pour se retrouver en présence de Dieu. Il ne s'agit pas d'y acheter la bénédiction de Dieu mais d'accueillir son salut, sans croire que nos mérites y seront pour quelque chose.

LE TEMPS DE LA PRIÈRE

« *Accueille les paroles de ma bouche,*
le murmure de mon cœur;
qu'ils parviennent devant toi, Seigneur,
mon rocher, mon défenseur ! » (Ps 18B, 15).

Marie-Laure Durand, bibliste

LES COULEURS DE LA VIE

Rouge

La gêne cramoisie du timide, l'embrasement de l'homme en colère et l'émotion de l'amant : le rouge à nos joues dévoile nos émois et nos troubles. Dans notre prière rouge, nous pouvons accueillir et remettre à Dieu chacune de nos émotions.

« *Scrute-moi,*
mon Dieu,
tu sauras
ma pensée.
Éprouve-moi,
tu connaîtras
mon cœur. »
Psaume 138, 23

Comme ils prient

La prière des croyants est un miracle permanent. Dans des situations très quotidiennes comme dans des lieux plus insolites, l'Esprit « souffle où il veut ». Même avec nos petits moyens, l'Esprit chemine et prie en nous. Les lecteurs de *Prions en Église* en témoignent.

QUAND LE MONDE DORT ENCORE

« Je prie très tôt le matin avant que mon mari ne se réveille. J'allume la bougie dans l'espace dédié à la prière au fond de notre chambre. Je m'agenouille tournée vers le crucifix et une image de la Sainte Famille. Après avoir fait le signe de croix, je demande au Saint-Esprit la force d'entrer en relation avec Dieu. Avec cette invocation, je ressens un calme intérieur et le surgissement d'une joie immense du fond de mon cœur. »

Céline, Évry-Courcouronnes (91)

BIC 4 COULEURS EN MAIN

« Je me suis habitué à assister à la messe tous les jours et à écrire sur mon *Prions en Église* : en rouge, ma prière de méditation en écoutant et relisant les textes ; en bleu, ce que j'ai compris de l'homélie ; en vert, les indications d'une éventuelle recopie sur un autre support. Dans un blog, je livre ce que j'ai reçu au cours de mes années de simple fidèle participant à la messe avec bonheur, mon stylo quatre-couleurs et mes surligneurs jaune et orange à la main. »

Bruno, Antony (92)

Illustrations : © Sandrine Martin

LA PRIÈRE DE LA BOÎTE AUX LETTRES

« Ma prière commence quand *Prions en Église* arrive dans ma boîte aux lettres. Je suis toujours le même rituel : j'enlève l'emballage et je dépose la revue dans le coin prière de la maison. Je prie pour ceux qui travaillent en amont afin que chacun dispose chez soi de la Parole du jour et des prières, chants, témoignages… L'unité de l'Église commence là, me semble-t-il. » **Claire, Palaiseau (91)**

L'AUTEL DES ANCÊTRES

« Nous avons pour habitude, Jeff et moi, de prier ensemble tous les matins à 8 h 30 après le petit-déjeuner. Nous nous installons au salon devant l'oratoire où, aux côtés des icônes de la sainte Vierge, de Jésus et d'un ange gardien, sont disposés les portraits de tous nos êtres chers décédés. Il s'agit assurément d'un "autel des ancêtres" disent nos petits-enfants ! Ce sont leurs arrière-grands-parents, un grand-père et un grand-oncle. » **Marie-Ange, Pornic (44)**

LA LITURGIE DU CHEMIN

« Chaque jour, je marche, suivant toujours le même circuit. Çà et là, je pose des croix faites de morceaux de bois trouvés en chemin et, quand j'arrive à tel endroit, je passe à un autre temps de ma prière. C'est ma prière routinière, ma liturgie du chemin. » **Jean-Marc, diacre, Dolomieu (38)**

POUR ALLER PLUS LOIN

Et moi, où l'Esprit souffle-t-il dans ma vie ?

Par quels moyens, quels lieux, ma prière s'exprime-t-elle ?

Que dois-je aménager ou désencombrer dans ma vie pour me rendre plus disponible à l'oraison ?

RENDEZ-VOUS DANS VOTRE JOURNAL DE BORD. P. 20

UNE PRIÈRE FLEURIE

« En fin d'après-midi, j'emprunte la piste et rejoins le bois à côté de ma maison, lieu fleuri de recueillement. J'avance à petits pas, pour respirer l'odeur d'une végétation qui borde ses allées. Je laisse jaillir de mon cœur un chant que le Saint-Esprit va m'inspirer au gré de mon état d'âme. Sans que je m'en rende compte, quelques chants me viennent spontanément à l'esprit. » **Marie-Claire, Liège (Belgique)**

DEVANT UN CHEVALET

« Parmi mes différentes activités, la peinture est celle qui me donne le plus l'occasion de dialoguer avec ce Dieu d'amour qui inonde mon âme. Cette connexion prend la forme d'un cœur-à-cœur. » **Dorine, Lille (59)**

Les enfants et le clocher

Des cloches qui s'envolent à Rome ? Deux cousins mènent l'enquête dans le clocher du village de leur grand-mère pour vérifier cette histoire.

C'est un village niché dans les collines, quelque part dans l'Est de la France. À mesure que l'on s'approche, la place de l'église se révèle : un clocher aux ardoises jaunes, brunes et ocres, un lavoir couronné d'un vieux préau, quelques maisons à colombages et des marronniers feuillus. Une cheminée fume sur un toit. À travers la fenêtre, on peut voir près de l'âtre deux enfants, une vieille dame et un chien. Ce sont les vacances de Pâques. Augustine et Paul viennent passer quelques jours chez Bonne-Maman, comme chaque année. Les deux cousins aiment écouter leur grand-mère. Alors, celle-ci s'installe près du feu et couvre ses genoux d'un vieux plaid pelucheux. Ludwig, le chien, vient se coucher à ses pieds. Bonne-Maman cherche une histoire au fond de sa mémoire.

– Ce soir, les trois cloches de notre église sont heureuses ! déclare la grand-mère aux deux enfants étonnés. Aujourd'hui, Vendredi saint, elles sont à Rome. Ça les change. Notre église n'est ouverte qu'une fois par trimestre pour la messe. Alors les cloches s'ennuient et attendent avec impatience le Jeudi saint.

– Qu'est-ce qui se passe le Jeudi saint ? interrompt Paul.

– Le Jeudi saint, c'était hier. Elles ont sonné une dernière fois avant de se taire jusqu'à Pâques, demai soir. Leur silence aujourd'hui, c'est la tristesse des chrétiens, le jour de la mort de Jésus. Nos trois cloches profitent de ce jour de congé : elles sont parties en pèlerinage à Rome, avec les cloches du monde entier. Il paraît même qu'elles en profitent pour recevoir la bénédiction du pape ! Puis chacune part retrouver son clocher, comme un oiseau retrouve son nid. Et, en revenant de Rome, elles laissent tomber depuis le ciel des œufs en chocolat dans les jardins et sur les balcons !

Samedi soir, c'est la veillée de Pâques : Bonne-Maman emmène Augustine et Paul. Le garçon se fait d'abord un peu tirer l'oreille, mais se ressaisit lorsque sa cousine lui fait un clin d'œil.

– Paul, j'ai une idée ! lui glisse-t-elle discrètement en enfilant son manteau et ses gros souliers, l'air de rien. Paul l'imite, n'oubliant pas son écharpe. C'est qu'il peut faire froid dans l'église, en cette fin mars.

La grand-mère et ses petits-enfants traversent la place de l'église et longent le vieux lavoir. Les marronniers donnent leurs premières fleurs, un peu trop pressées de sortir. Sur le parvis, une petite foule est déjà réunie autour d'un grand feu. Paul reconnaît le boulanger sous sa casquette et Madame Toussaint sous son bonnet. Madame Toussaint, c'est la voisine de Bonne-Maman qui leur offre des friandises chaque fois que les deux cousins la croisent. Il y a également Urbain, le curé. Il vient du Bénin, un pays d'Afrique. Il a mis une chasuble dorée sur son aube. Bonne-Maman salue les uns et les autres, bavardant avec le facteur, demandant à Monsieur Jean des nouvelles de sa fille.

Augustine profite du fait que sa grand-mère ait le dos tourné pour interpeller discrètement son cousin :

– Je pensais à ce que nous disait Bonne-Maman à propos des cloches. Si on montait au clocher, voir si elles sont vraiment parties ?

Le garçon regarde sa cousine l'air inquiet :

– Quoi, là maintenant ?

– Et pourquoi pas ? Regarde : personne ne nous remarque. Filons discrètement !

Ni une ni deux, Augustine se faufile dans la foule. Face au courage de sa cousine, Paul se met à sa poursuite, trop fier pour ne pas être en reste. Il la rattrape juste avant qu'Augustine n'entre dans l'église. Là, la jeune fille bifurque tout de suite sur la droite et rejoint la porte du clocher.

– C'est par ici ! murmure Augustine en tirant sans un bruit la lourde porte.

La cage d'escalier est sombre, mais un peu de lumière filtre depuis l'église, à travers les cloisons en bois, suffisamment pour qu'on y voie. Augustine monte les marches quatre à quatre. Paul tente de suivre le rythme.

148, 149, 150, 151 marches, ça y est : ils sont arrivés. Essoufflés, les mains sur les genoux, les deux enfants cherchent de l'air. Une surprise les attend. Ou plutôt, rien ! Le clocher est vide ! À l'endroit où devraient se trouver les trois cloches, un trou.

– Bonne-Maman avait raison, murmure Augustine en parcourant l'étroite galerie.

Son cousin, un peu hagard regarde en haut, en bas, l'air inquiet. Son courage, déjà pas bien épais, s'effrite.

– Bon, maintenant que nous avons vu qu'il n'y avait rien à voir, si on retournait en bas ? dit-il.

Et alors que les enfants se décident à redescendre, Augustine jette un dernier regard à travers l'étroite fenêtre.

– Attends, regarde, s'écrie-t-elle en pointant vers le ciel. Quelque chose arrive vers nous !

En effet, dans la nuit, trois cloches volent en direction de l'église. Doucement, ces drôles de volatiles s'approchent puis, sans un bruit, se posent sur le clocher. Il y a une grosse cloche, une moyenne cloche et une petite cloche.

– Oh, oh, nous avons des invités ! dit la grosse cloche en reprenant la place qui l'attendait.

– Bonjour Augustine, dit la moyenne cloche en se glissant à sa place à son tour.
– Bonjour Paul, dit enfin la petite cloche.
Les enfants écarquillent les yeux.
– Vous nous connaissez ? s'étonnent-ils.
– Nous vous connaissons depuis votre baptême, répond la grosse cloche. Tous les chrétiens faisaient la fête ce jour-là. Nous avons sonné pour vos parents et vos grands-parents, bien sûr. Nous avons sonné pour les gens de la ville. Nous avons sonné pour les morts du cimetière pour qui nous avions sonné autrefois. Nous avons sonné pour que tous nous entendent et se réjouissent avec nous. Nous avons sonné pour dire à tout le monde : « Grande nouvelle : voici un nouveau chrétien, voici une nouvelle chrétienne ! »
– Vous connaissez nos prénoms mais nous ne connaissons pas les vôtres, fait remarquer Paul qui a oublié sa peur.
– Eh oui. Nous aussi, nous avons été baptisées ! Regardez : nos noms sont inscrits sur notre robe de bronze, dit la petite cloche.
Augustine déchiffre l'inscription patinée par le temps :
– Mar-tin-Bé-né-dic-te.
– Oui : Martin-Bénédicte est mon nom, confirme la petite cloche. Martin, c'est parce que c'est le nom de notre église, l'église Saint-Martin. Et Bénédicte, c'est parce que nous étions là quand il y avait un monastère. Le jour et la nuit, j'appelais les moines à la prière : « Bénissez Dieu ! » Maintenant qu'ils sont au paradis, lorsque je carillonne, ils reconnaissent ma voix et prient Dieu pour le village.
Paul lit à son tour le nom de la moyenne cloche :
– Et toi, ton nom est Gabriel !
– On m'a appelé comme l'ange qui a annoncé à Marie qu'elle attendait un fils, dit la moyenne cloche. C'est lui qui apporte des belles nouvelles. Alors, lorsque l'on fête un baptême ou un mariage dans notre église, je sonne pour envoyer des bénédictions sur l'enfant ou sur les mariés !
– Et moi, on m'appelle Espérance, dit enfin la grosse cloche. Comme ma grosse voix sonne loin, c'est elle qu'on entend lorsqu'on enterre quelqu'un. À tous ceux qui sont dans la peine, je sonne gravement pour leur dire : espérance.
– Vous voyez les enfants, nous, les cloches, sommes là pour chanter la joie des vivants et pour pleurer avec ceux qui pleurent, précise Martin-Bénédicte, la petite cloche.
– L'histoire que nous a racontée Bonne-Maman est donc vraie ? Vous revenez de Rome ? interroge Augustine.
– Nous étions avec les cloches du monde entier, acquiesce Gabriel, la moyenne cloche. Nous avons vu le pape et nous rapportons plein de friandises. Demain, vous pourrez aller chasser les œufs dans le jardin de votre grand-mère.
– Et nous arrivons tout juste pour annoncer une grande joie, continue Espérance, la grosse cloche. C'est maintenant l'heure de la grande volée, nous allons sonner la résurrection de Jésus. Cela va sonner très fort !
– Vous devriez redescendre si vous ne voulez pas avoir mal aux oreilles, conseille Martin-Bénédicte.
– Et puis votre grand-mère doit vous chercher ! ajoute Gabriel.
Augustine et Paul ne se le font pas dire deux fois. Ils se précipitent dans la cage d'escalier, dévalent les marches, manquent de trébucher à chaque pas.

Lorsque les deux cousins ouvrent la porte du clocher, l'assemblée forme une grande procession qui entre dans l'église. Chaque fidèle tient à la main un petit cierge allumé. Augustine et Paul repèrent la chevelure grise de Bonne-Maman et s'installent à côté d'elle, comme si de rien n'était.
– Où étiez-vous ? les sermonne-t-elle avec ce sourire bienveillant dont elle a le secret. Paul et Augustine n'ont pas le temps de s'expliquer. Au même moment, le prêtre entonne :
– Gloire à Dieu, au plus haut des cieux !
Alors, là-haut dans le clocher, Martin-Bénédicte, Gabriel et Espérance se mettent à sonner. Ding ! Dong ! Ding ! Dong ! Elles carillonnent à toute volée, sonnent toujours plus fort. Leurs timbres se répondent, se mêlent et chantent. Ding ! Dong ! Ding ! Dong !
– Bénissez Dieu, sonne Martin-Bénédicte.
– Jésus est ressuscité ! carillonne Gabriel.
– Exultez de joie, multitude des anges, exultez, serviteurs de Dieu, sonnez cette heure triomphale et la victoire d'un si grand roi, chante Espérance !
Que c'est beau ! Que c'est joyeux !
Augustine et Paul se regardent en souriant. Dans leur poitrine, leur cœur bat aussi fort que les cloches.

Dimanche matin, avant même de petit-déjeuner, Augustine et Paul enfilent un manteau sur leur pyjama et une paire de bottes avant de foncer dans le jardin. Les cloches leur ont promis des friandises ; c'est la chasse aux œufs ! Le chien Ludwig furète un peu partout. Les enfants fouillent sous les camélias en fleurs, dans les forsythias, sur les branches du noisetier…
Dix, quinze, vingt œufs en chocolat. C'est à qui en trouvera le plus ! Tout à coup, Ludwig se met à aboyer et remue la queue. Il a trouvé quelque chose. Les deux cousins s'approchent. Sous un tapis de violettes se cachent deux petites clochettes.
Au même moment, le son des cloches résonne depuis l'église. Dans le ciel de ce matin de Pâques retentit le chant de Martin-Bénédicte, Gabriel et Espérance.
Ding ! Dong ! Ding ! Dong !
– Oui, dit Bonne-Maman avec son sourire mystérieux, aujourd'hui, vraiment, c'est la joie des vivants !

Texte : Frédéric Pascal.

Fin

« La lumière est venue dans le monde »

Jean 3, 19

L'Évangile du quatrième dimanche de Carême

LIRE

ÉVANGILE SELON SAINT JEAN 3, 14-21

« La lumière est venue dans le monde »

En ce temps-là, Jésus disait à Nicodème : « De même que le serpent de bronze fut élevé par Moïse dans le désert, ainsi faut-il que le Fils de l'homme soit élevé, afin qu'en lui tout homme qui croit ait la vie éternelle. Car Dieu a tellement aimé le monde qu'il a donné son Fils unique, afin que quiconque croit en lui ne se perde pas, mais obtienne la vie éternelle. Car Dieu a envoyé son Fils dans le monde, non pas pour juger le monde, mais pour que, par lui, le monde soit sauvé. Celui qui croit en lui échappe au Jugement, celui qui ne croit pas est déjà jugé, du fait qu'il n'a pas cru au nom du Fils unique de Dieu. Et le Jugement, le voici : la lumière est venue dans le monde, et les hommes ont préféré les ténèbres à la lumière, parce que leurs œuvres étaient mauvaises. Celui qui fait le mal déteste la lumière : il ne vient pas à la lumière, de peur que ses œuvres ne soient dénoncées; mais celui qui fait la vérité vient à la lumière, pour qu'il soit manifeste que ses œuvres ont été accomplies en union avec Dieu. »

Le vitrail de Pâques

Vous pouvez méditer « en couleurs » le quatrième dimanche de Carême.

APPROFONDIR

Pour que nous ayons la vie

L'évangile fait suite au dialogue entre Nicodème et Jésus. Il y était question de cette nouvelle naissance d'eau et d'Esprit qui, seule, permet d'accéder à une foi authentique, à une connaissance vraie du Fils et de celui qui l'a envoyé dans un monde en proie aux ténèbres.

LE TEMPS DE LA PRÉPARATION

« Vous serez […] rassasiés
de ses consolations. » (Is 66, 11)

LE TEMPS DE L'OBSERVATION

Jésus est davantage que le maître venu de Dieu, confessé par Nicodème (cf. Jn 3, 2), ou le faiseur de signes qui a emporté l'adhésion de quelques-uns de ses contemporains (Jn 2, 23). Pour se révéler, il convoque la figure du serpent de bronze élevé par Moïse en vue de la guérison du peuple, mordu par les serpents brûlants à la suite de son manque de confiance en Dieu (cf. Nb 21, 9). Le manque de foi empêche de discerner le dessein de Dieu. L'homme est alors rivé au sol, en proie à ses peurs, à sa violence, à ses convoitises, toutes choses qui le conduisent à la mort. À travers cette image, Jésus parle de son élévation sur la Croix, une élévation qui sauve, conduit à la pleine révélation de son identité et donne visage à Dieu. Mais alors que les Hébreux devaient regarder le serpent pour être sauvés, il s'agit désormais de « croire » : non pas au simple sens d'adhérer à un ensemble de vérités, mais de faire confiance. Voir ne suffit pas : « Heureux ceux qui croient sans avoir vu » (Jn 20, 29).

LE TEMPS DE LA MÉDITATION

Mais comment faire confiance si l'on n'a pas découvert, avec l'aide de l'Esprit, que Dieu est amour ? La figure du « juge » eschatologique peut en effet brouiller notre relation à Dieu, d'autant que Jésus vient de se présenter comme le « Fils de l'homme » (Jn 3, 13), une figure associée au jugement de la fin des temps. Mais que nous dit le texte ? Que le Jugement est déjà là de par les choix que nous posons : nous laisser conduire par l'Esprit dont on ne sait « ni d'où il vient ni où il va » (Jn 3, 8), mais dont nous constatons les effets dans notre vie; ou nous fermer à ce qui nous dépasse et que nous ne pouvons pas maîtriser. Venir comme Nicodème à cette lumière qu'est le Christ nous conduit à changer. La lumière fait ressortir nos zones d'ombre, nos compromissions, les niches que nous nous fabriquons pour survivre. Or, ce n'est pas à la survie mais à « la vie en abondance » que nous invite Jésus (Jn 10, 10).

LE TEMPS DE LA PRIÈRE

« Si je traverse les ravins de la mort,
je ne crains aucun mal,
car tu es avec moi. » (Ps 22, 4)

Emmanuelle Billoteau, ermite

LES COULEURS DE LA VIE

Bleu

Contempler une mer calme ou lever la tête face à un ciel sans nuage. Y a-t-il plus grande expérience de sérénité et de pureté ? Elle apaise l'âme et clarifie l'esprit. Une prière bleue, ce serait tout à la fois remettre à Dieu notre agitation quotidienne et lui demander d'ouvrir notre horizon.

« Quel est donc celui-ci, pour que même les vents et la mer lui obéissent ? »
Matthieu 8, 27

Céline Rohmer

« Les mots du Notre Père sont un cadeau »

Céline Rohmer, ministre de l'Église protestante unie de France, enseigne à l'Institut protestant de théologie de Montpellier. Elle explique pourquoi le Notre Père est la prière de tous les chrétiens.

Le Notre Père est la prière tous les chrétiens. Devrait-on la dire avec une attention toute particulière à Pâques, la grande fête qui nous réunit tous ?
La prière du Notre Père n'est pas christologique. Elle ne nous dit rien de la mort et de la résurrection du Christ, et n'est pas une relecture a posteriori de sa venue. L'associer à Pâques, ce serait lui donner une coloration qu'elle n'a pas d'abord eue. En revanche, il est vrai que, à Pâques, ces mots prennent une nouvelle dimension. Ce sont les mots du Ressuscité qui nous sont donnés pour nous adresser à Dieu qui ressuscite les morts. Mais c'est une réappropriation chrétienne de la prière.

Comment expliquer qu'elle soit devenue la prière commune aux chrétiens ?
Cela tient sans doute à la réception de l'évangile de Matthieu. Les communautés chrétiennes se sont saisies de cette prière progressivement, alors qu'elles avaient pu vivre les premiers temps sans elle. Manifestement, dans les communautés pauliniennes cette prière, si elle était connue, évoluait parmi d'autres. Nous pouvons en déduire qu'aucune version unique et définitive du Notre Père ne circulait au Ier siècle. En tout cas, cette prière n'avait pas le poids qu'elle a aujourd'hui.

Qu'est-ce que l'exégèse a à nous dire de la prière du Notre Père ?
Que le Notre Père que nous connaissons dans sa traduction liturgique n'est présent que dans de rares versets bibliques. Nous n'en avons que deux versions. L'une dans l'évangile de Matthieu au chapitre 6, versets 9-13 dans le Sermon sur la montagne, l'autre dans l'évangile de Luc au chapitre 11, versets 1-4. Deux évangiles sur quatre parlent de cette prière. Dans Marc, cet enseignement de Jésus auprès de ses disciples n'est pas présent et dans Jean non plus, et dans les lettres de Paul non plus. Sur les vingt-sept livres du Nouveau Testament, nous n'en avons que deux qui relatent cet épisode. La place qu'occupe cette prière dans la piété chrétienne n'est donc pas •••

©Nanda Gonzague

••• proportionnelle à la place qu'elle occupe dans les Écritures.

Qu'ont voulu dire Matthieu et Luc en citant cette prière ?

Les évangiles sont des proclamations de la Parole, de Jésus reconnu Christ. Et parmi les quatre évangélistes, deux ont tenu à raconter un épisode où Jésus, tel un maître, enseigne à ses disciples à prier. Vraisemblablement, Matthieu et Luc ont cherché à témoigner de leur Seigneur donnant à ses disciples des mots pour s'adresser à leur Père. L'important était d'offrir la possibilité à leur communauté de prier ensemble, de s'adresser librement, à leur Dieu par la « voie/voix » de leur Seigneur. Et c'est cela qui a fait le succès du Notre Père.

Matthieu et Luc ont-ils la même version ?

Luc et Matthieu rapportent le même épisode. Les textes parlent de la même chose, mais ce sont deux prières distinctes. Par exemple, l'invocation du Notre Père est beaucoup plus développée dans l'évangile de Matthieu que dans celui de Luc. À strictement parler, quand on parle du « Notre » Père, on ne fait référence qu'à la version de Matthieu qui, seule, propose ce pronom possessif. C'est à partir de cet extrait de Matthieu que s'est construite la version liturgique.

Dire « notre », c'était donc nouveau ?

Oui. Seul Matthieu a cette expression tout à fait singulière. Des quatre évangélistes, il est le plus pétri de judaïsme, nourri des Écritures, alors cette appellation de Dieu comme Père est une évidence pour lui. Dans Matthieu, Jésus parle de « son » Père ou de « votre » Père. Et c'est uniquement quand il enseigne à ses disciples à prier (Mt 6, 9) qu'il dit « notre » Père : un Père pour lui, comme pour eux.

Qu'est-ce que cela veut dire ?

En disant « Notre Père », je reconnais Dieu non seulement comme étant mon Père, mais aussi un Père pour chacun. C'est une fraternité qui se dit dans la filiation. Le possessif « notre » suffit à dire que celui ou celle qui invoque Dieu le Père fait partie d'une communauté plus vaste. C'est un coup de génie de la part de Matthieu. Grâce à sa formule, Dieu est aussitôt reconnu par une communauté où chaque être humain peut également être inclus, en solidarité.

Et cela nous dit-il quelque chose de Jésus ?

Jésus nous a fait le don d'une voie d'accès à Dieu à travers le langage. Le Notre Père parle à Dieu, et c'est comme si Jésus voulait créer un accès direct entre le Père et l'enfant. Ces mots sont un cadeau.

La prière du Notre Père a-t-elle, pour vous, une saveur particulière ?

Pour moi, prier c'est d'abord répondre à une parole et reconnaître dans mon existence ce que Dieu veut me dire. Nous confessons un Dieu qui nous parle et, si nous en sommes convaincus, nous devons d'abord écouter avant de parler. Mais oui, bien sûr, le Notre Père a une saveur particulière. Parce que Dieu m'autorise à lui parler ainsi. Je reconnais mes fautes, je dis ce dont j'ai peur, je confie la tentation qui m'habite, je demande à être délivrée du mal dans lequel je suis, et mon Seigneur me donne des mots pour dire à Dieu la réalité de mon existence. Quelle grâce ! ■

Propos recueillis par Sophie de Villeneuve

P. 27
RENDEZ-VOUS DANS VOTRE JOURNAL DE BORD.

POUR ALLER PLUS LOIN

Est-ce que je reconnais en Dieu « notre » Père ?

La prière du Notre Père a-t-elle pour moi une saveur particulière ?

Quelle est la phrase que j'aime le plus dans cette prière ?

[PARTAGER]

Œufs en couleurs

Avec des colorants 100 % naturels, ces œufs sont à préparer deux jours avant Pâques.

IL VOUS FAUT ★ 6 œufs blancs durs non pelés. ★ 3 ramequins. ★ 3 bols. ★ Du vinaigre blanc. ★ De l'huile végétale. ★ Du chou rouge. ★ Du curcuma ou curry. ★ Des oignons rouges. ★ Des oignons jaunes. ★ Du vinaigre balsamique.

1. Préparer les teintes

Ajoutez 2 cuillers de vinaigre blanc dans l'eau de cuisson.

TEINTURE BLEUE
Faites cuire 15 min dans 0,5 L d'eau bouillante 1/4 de chou rouge coupé.

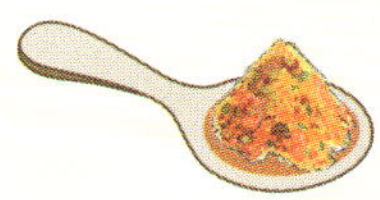

TEINTURE VERTE
Mélangez l'eau du chou avec 1 cuiller de curcuma. Chauffez 5 min.

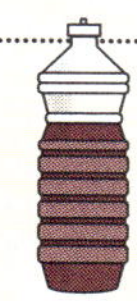

TEINTURE MARRON
Le vinaigre balsamique est très colorant. Il est à utiliser tel quel.

TEINTURE ORANGE
Trempez des pelures d'oignon rouge 1 nuit puis faites-les bouillir.

TEINTURE SAUMON
Tremper des pelures d'oignon jaune 1 nuit puis faites-les bouillir.

2. Teindre les œufs durs

Dégraissez préalablement les œufs au vinaigre blanc.

1. Versez les teintures : à chaque bol sa couleur.

2. Posez les œufs sans les immerger totalement.

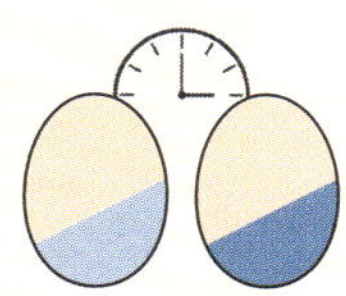

3. Laissez-les 2 à 5 h selon la densité voulue.

4. Changez de bol pour créer des mélanges.

***Astuce**
Enroulez un élastique autour d'un œuf. Immergez-le dans une teinture. Ôtez l'élastique !

Réalisation : © Béatrice Basteau

Lire, écouter, voir...

« Prions en Église » a sélectionné pour vous ces livres, CD et DVD comme compagnons de chemin vers Pâques.

Livres

Petit éloge de la prière
Jean-Gabriel Rueg
Éditions du Carmel, 144 p.
Dans un court essai, Jean-Gabriel Rueg, carme déchaux, revient sur la prière comme fondement de la vie chrétienne. Rappelant l'importance et l'exigence de la relation à Dieu, l'auteur retrace, dans de courts chapitres d'une grande clarté, le regard que porte l'Église catholique sur l'adoration, le renouvellement de l'Alliance, l'oraison, l'intercession... Un petit guide qui invite chacun à laisser Dieu respirer en soi.

Sur la montagne
Adrien Candiard
Cerf, 144 p.
« Que dois-je faire de bon pour avoir la vie éternelle ? » Partant de la question du jeune homme riche de l'évangile de Matthieu, Adrien Candiard, dominicain, nous propose toute une relecture du discours de Jésus sur la montagne. N'esquivant pas les difficultés et la rudesse de certains passages, il trouve dans le thème de la grâce une clé de compréhension et un fil d'Ariane. Un essai qui interpelle, dans un style léger et plein d'humour.

J'apprends à prier
Anne-Sophie du Bouëtiez, Carole Xénard
Mon encyclo Prions en Église Junior, CRER, 64 p.
Ça veut dire quoi, prier ? Comment s'y prendre ? Si la prière est au centre de notre vie, il est parfois difficile d'expliquer concrètement aux enfants de quoi il en retourne. *J'apprends à prier* livre des clés de compréhension, une approche pratique, pour guider les plus jeunes dans leur démarche spirituelle et leur découverte de la foi. Un livre gaiement illustré, qui aide à chercher Dieu « dans le quotidien de la journée ».

Le Monde de la Bible
mars 2024, Bayard, 124 p.
Dans son numéro de mars 2024, *Le Monde de la Bible* part sur les traces de l'apôtre Pierre. Avec sa nouvelle formule faisant la part belle à la photographie, le trimestriel (édité par Bayard, comme *Prions en Église)* fait voyager son lecteur en Terre sainte et autour de la Méditerranée, d'hier à aujourd'hui. « Comme dans tout voyage ou pèlerinage, le déplacement est semé de rencontres », promet Benoît de Sagazan, son rédacteur en chef.

« On lit pour découvrir une vision du monde. »

Amélie Nothomb

CD et podcast

Je suis sûr de toi
L'Emmanuel, 10 titres
Au sein de ce nouvel album, les musiciens de la Communauté de l'Emmanuel de France et de la République démocratique du Congo nous embarquent dans l'univers musical de différents continents et différentes époques. Le premier titre du disque nous est chanté en Swahili. Plusieurs chants célèbrent la résurrection du Seigneur, comme la séquence pascale *Victimae paschali* ou encore *Le Christ est vraiment ressuscité, alléluia,* provenant d'Allemagne et datant du XIIe siècle.

Métamorphose
Anne Ghesquière
nº 375, mars 2023
Dans le podcast « Métamorphose », Anne Ghesquière donne la parole à Denis Marquet, auteur de *La prière ou l'art de recevoir.* Le philosophe soulève avec bienveillance et pédagogie de nombreuses questions relatives à la prière : comment prier, qu'est-ce que le péché ou comment rater sa cible, en quoi je me confie ?... Profond et instructif, cet entretien nous invite à réajuster notre rapport à Dieu, en remettant la confiance au centre de notre relation. À retrouver sur les plateformes d'écoute.

Textes : S. Pelloux-Prayer ; A.-Q. Jozeau ; F. Pascal.

Films DVD

The Chosen – Saison 3
Dallas Jenkins
Saje Distribution, 8 épisodes
Dans cette nouvelle saison, nous retrouvons les douze disciples que Jésus envoie en mission aux quatre coins du monde. Une fois de plus, la série réussit avec brio à nous présenter des hommes et des femmes incarnés auxquels nous pouvons sans difficulté nous identifier. Ceux-ci sont traversés par des sentiments comme la peur, l'amour, l'impatience, le désarroi, la difficulté à s'abandonner.

Le Club des miracles
Thaddeus O'Sullivan
Saje Distribution, 1 h 25
Dans les années 1920, Chrissie, Eileen, Dolly et Lily Fox, quatre femmes aux destins liés, quittent leur Irlande natale pour se rendre à Lourdes, espérant y vivre un miracle. Ce film est un hymne au pardon, à l'amitié et au courage dans les difficultés humaines, amicales et familiales. L'attachante actrice Maggie Smith y interprète Lily Fox, l'une des quatre femmes.

« Si le grain de blé tombé en terre meurt, il porte beaucoup de fruit »

Jean 12, 24

© Daniel Hehe/Unsplash

L'Évangile du cinquième dimanche de Carême

LIRE

ÉVANGILE SELON SAINT JEAN 12, 20-33

« Si le grain de blé tombé en terre meurt, il porte beaucoup de fruit »

En ce temps-là, il y avait quelques Grecs parmi ceux qui étaient montés à Jérusalem pour adorer Dieu pendant la fête de la Pâque. Ils abordèrent Philippe, qui était de Bethsaïde en Galilée, et lui firent cette demande : « Nous voudrions voir Jésus. » Philippe va le dire à André, et tous deux vont le dire à Jésus. Alors Jésus leur déclare : « L'heure est venue où le Fils de l'homme doit être glorifié. Amen, amen, je vous le dis : si le grain de blé tombé en terre ne meurt pas, il reste seul; mais s'il meurt, il porte beaucoup de fruit. Qui aime sa vie la perd; qui s'en détache en ce monde la gardera pour la vie éternelle. Si quelqu'un veut me servir, qu'il me suive; et là où moi je suis, là aussi sera mon serviteur. Si quelqu'un me sert, mon Père l'honorera.

« Maintenant mon âme est bouleversée. Que vais-je dire ? "Père, sauve-moi de cette heure" ? – Mais non ! C'est pour cela que je suis parvenu à cette heure-ci ! Père, glorifie ton nom ! » Alors, du ciel vint une voix qui disait : « Je l'ai glorifié et je le glorifierai encore. » En l'entendant, la foule qui se tenait là disait que c'était un coup de tonnerre. D'autres disaient : « C'est un ange qui lui a parlé. » Mais Jésus leur répondit : « Ce n'est pas pour moi qu'il y a eu cette voix, mais pour vous. Maintenant a lieu le jugement de ce monde; maintenant le prince de ce monde va être jeté dehors; et moi, quand j'aurai été élevé de terre, j'attirerai à moi tous les hommes. » Il signifiait par là de quel genre de mort il allait mourir.

Le vitrail de Pâques

Vous pouvez méditer « en couleurs » le cinquième dimanche de Carême.

APPROFONDIR

Le fruit que nous donnons

Dans le cycle de la végétation, la graine se sacrifie pour produire du fruit. Nous, nous pratiquons le renoncement. Le Carême se prête bien à l'observation du fruit qui découle de nos choix.

LE TEMPS DE LA PRÉPARATION

« Heureux est l'homme qui n'entre pas au conseil des méchants, qui ne suit pas le chemin des pécheurs, ne siège pas avec ceux qui ricanent, mais se plaît dans la loi du Seigneur et murmure sa loi jour et nuit ! » (Ps 1, 1-2)

LE TEMPS DE L'OBSERVATION

Donner sa vie pour porter du fruit est bien d'abord une logique du monde végétal. En tombant dans une bonne terre, la graine ne fait pas que produire une plante ou un arbre. Dans chaque légume ou fruit issu de cette germination, des milliers d'autres pourront voir le jour si les conditions se présentent. Jésus reprend cette métaphore mais il la sort de sa logique naturelle. Dans le texte, c'est le Père qui est à l'œuvre dans ce processus de mort et de fructification. Accepter de mourir, c'est ainsi accepter de faire de la place au Père pour que lui-même puisse travailler à ce déploiement de la vie. C'est en cela que ce processus de mort et de vie est étroitement lié à celui de la gloire. En se limitant, en lâchant le contrôle excessif, en consentant à la vie telle qu'elle est, Jésus permet à la gloire de Dieu de se révéler. L'honneur dont parle Jésus, c'est la capacité qu'a le Père de se déployer dans la vie de la personne.

LE TEMPS DE LA MÉDITATION

Problème : les êtres humains ne sont pas des plantes. Jésus doit donc expliquer ce processus que nous pouvons juger contre-nature. Nous occupons beaucoup de notre temps quotidien à ne pas mourir. Nous mangeons, faisons attention à notre sécurité et à celle des autres et nous organisons notre existence pour qu'elle dure. Cela rend le message de Jésus difficile à entendre. Nous pratiquons pourtant au quotidien le renoncement. Nous acceptons des limites et des stops, nous faisons des choix, nous réalisons que tout n'est pas possible. L'enseignement de Jésus consiste à nous amener à prendre conscience de ce processus déjà à l'œuvre et à en faire un processus d'enracinement. Le Carême est particulièrement propice à cela. Un espace nous est offert pour regarder plus précisément comment les limites auxquelles nous avons consenti dans notre vie ont porté du fruit. Cette relecture elle-même est un accélérateur de croissance et de confiance.

LE TEMPS DE LA PRIÈRE

« Il est comme un arbre planté près d'un ruisseau, qui donne du fruit en son temps, et jamais son feuillage ne meurt; tout ce qu'il entreprend réussira. » (Ps 1, 3)

Marie-Laure Durand, bibliste

LES COULEURS DE LA VIE

Jaune

Le soleil reprend de sa vigueur – c'est le printemps cette semaine –, réchauffant la terre et les cœurs de ses rayons et dissipant les ténèbres de la nuit. Notre prière jaune comme le soleil est une louange, une action de grâce pour chaque jour qui se lève !

« Dieu dit : "Que la lumière soit." Et la lumière fut. Dieu vit que la lumière était bonne, et Dieu sépara la lumière des ténèbres. »
Genèse 1, 3-4

[REPORTAGE]

Chaque mercredi après-midi à l'institut d'éducation motrice (IEM) du Château de Bailly (78), huit enfants porteurs d'un handicap moteur cérébral participent à une séance de catéchisme, encadrés par huit bénévoles. Récit d'un temps de prière et de jeu pas comme les autres.

Uya ! le cri d'une prière

Eduardo en prière. Au second plan, Isabelle et Léonard.

Marie-Élisabeth de la Turmelière, toute de rose vêtue, annonce la couleur: « Vous allez voir, ce qui se vit ici, c'est ce verset de l'Évangile: "Père, ce que tu as caché aux sages et aux savants, tu l'as révélé aux tout-petits" » (Mt 11, 25). Tous les mercredis après-midi depuis trente ans, l'élégante Baillacoise anime une heure de catéchèse et de prière dans la salle à manger de l'institut d'éducation motrice (IEM) de Bailly (78).

Enfants et encadrants arrivent un à un, dans un joyeux brouhaha. Marie-Élisabeth interpelle un blondinet haut comme trois pommes avant de l'embrasser chaleureusement: « Eh bien Léonard, on ne me dit pas bonjour? » Léonard est l'un des huit pensionnaires de l'IEM qui assiste à cette heure de catéchèse et de prière. Le garçon de huit ans ne parle pas, ou peu. Systématiquement le pouce rivé dans la bouche, il se balade dans la pièce, le sourire aux lèvres. Au sujet de son handicap, les encadrants n'en savent guère, comme pour chacun des enfants. « Tout ce que l'on sait, c'est qu'ils sont pour la plupart de grands prématurés », confie l'animatrice.

Eduardo, une fesse posée sur son déambulateur rouge, parle rugby avec Alexis et Éloi, des collégiens venus au service. Ils commentent d'un ton animé le dernier match du XV de France. À l'autre bout de la pièce, Abigaël suit le regard de Grégoire. Le jeune bénévole multiplie les questions pour interagir avec elle. La petite fille à la longue queue-de-cheval en fauteuil roulant parle peu mais regarde fixement Grégoire. Léonard, lui, ne parle toujours pas. Le petit être tout blond au ventre rebondi continue ses pirouettes sur lui-même, sans se soucier le moins du monde de ce qui se passe autour. De temps en temps, Isabelle, une jeune grand-mère, lui attrape les mains pour le faire tournoyer.

•••

1. Marie-Élisabeth ouvre la séance sur le thème de David et Goliath.

2. Alexis, collégien bénévole, déguisé en Goliath.

3. Tristan déguisé en David avec une peau de mouton est applaudi par tous.

…Une fois tout le monde installé autour de la grande table blanche, la séance commence. Les bras levés au ciel, Marie-Élisabeth introduit la prière: «Dieu, c'est notre… – Père!», crie Eduardo du tac au tac. Les enfants ont plus ou moins de difficultés à faire le signe de croix, mais ils s'appliquent sous le regard attentif des encadrants, avec leur aide si besoin. Après un rapide temps de silence, chacun se met à chanter. Pour ceux pour qui la louange ne passe pas par la bouche, elle passe par le corps: Léonard continue de tourner sur lui-même, Marc-Clevens dodeline de la tête.

Pour les enfants de l'IEM, le jeu de rôle est un bon moyen de s'approprier les récits bibliques. Ce mercredi après-midi-là, l'histoire de David et Goliath va être mise en scène. Seau en guise de casque, épée en aluminium, perruque… les déguisements provoquent des fous rires. Chacun joue un personnage: Tristan, lunettes rouges et fauteuil roulant, revêt une peau de mouton pour jouer David; Alexis, un grand collégien, joue Goliath. Tous chahutent, poussent des cris, applaudissent, ravis. L'enthousiasme se lit sur les visages. Chacun, à sa manière, se prête au jeu. Lidia et Eduardo expriment leur excitation par des cris de joie et des fous rires. Les yeux pétillants et le sourire contagieux, Abigaël et Tristan suivent la scène attentivement. Et, toujours dans son coin, Léonard continue de tourner, en s'emparant de pièces de monnaie apportées pour le spectacle. Les enfants complètent en chœur les fins de phrase des catéchistes. À travers le récit de David et Goliath sont évoqués des grands thèmes: la violence, la peur, mais aussi le pardon… Au bout d'une trentaine de minutes, le spectacle prend fin. Petits et grands, essoufflés et fourbus, s'applaudissent.

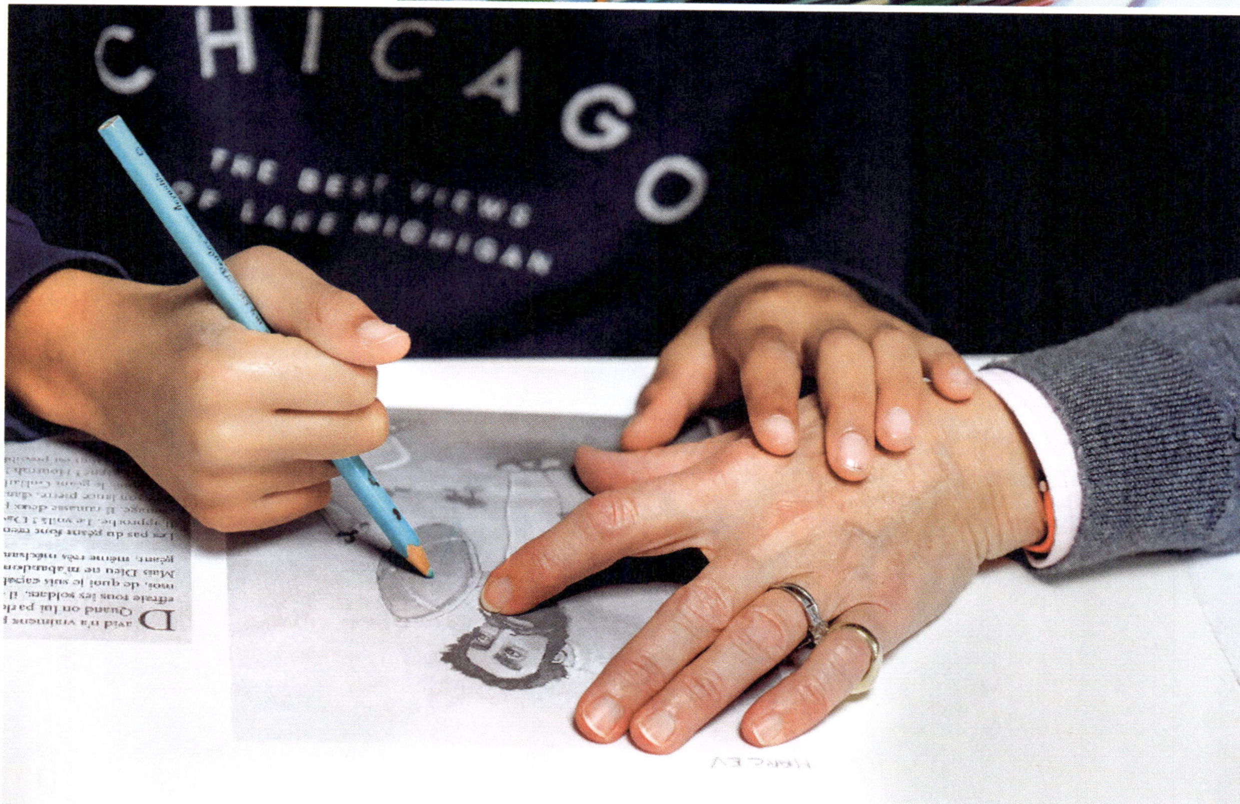

© Sandrine Mulas / Hans Lucas

Chaque enfant reprend place autour de la grande table blanche, sur laquelle ont été déposés un coloriage et une feuille de chants. Marie-Élisabeth reprend, plus posément, l'histoire du jour. Pour ne pas perdre l'attention des jeunes pensionnaires, la responsable enchaîne avec les chants. Sur l'air de *J'ai du bon tabac,* les petites voix chantent à tue-tête : « Tu es mon papa, mon papa du ciel. Tu es mon papa, tu veilles sur moi ! » •••

Joséphine, Tristan et Marc-Clevens accompagnés par les bénévoles colorient la scène de David et Goliath.

Eduardo et Lidia.

Isabelle, Tristan, Camille, Leonard et Joséphine dansent sur l'air de Glorious.

ACTUS
Du 3 au 7 mai 2024, certains pensionnaires de l'IEM de Bailly seront à Lourdes. Chaque année, Marie-Élisabeth et les encadrants du catéchisme du mercredi après-midi accompagnent les enfants qui le peuvent au pèlerinage de l'Ordre de Malte.

Marie-Élisabeth, Marc-Clevens et Alain discutent à la fin de la séance.

… Et quand retentissent les chansons de Glorious, les fauteuils roulants, et les autres, se mettent à danser. Eduardo est porté dans une farandole qui entraîne les enfants comme les plus grands. Même Léonard s'y met, tournant sur lui-même. Puis, s'asseyant en tailleur par terre, les yeux rivés sur ses compagnons, il tape sur ses cuisses afin de prendre part à sa manière à l'allégresse générale. La joie brille dans son regard bleu. « Il y a chez ces enfants une joie intérieure, glisse Marie-Élisabeth. J'y vois une présence divine. Je la ressens de manière très forte. »

La séance touche à sa fin. Après avoir rangé crayons et coloriages, Léonard, Lidia et toute la jolie bande joignent de nouveau les mains. « Notre Père ou Je vous salue Marie, les enfants ? », demande l'animatrice en chef. Tous répondent d'une seule voix: « Je vous salue Marie ! » Chacun entame alors – dans une ferveur émouvante et un ton pas toujours assuré – le chant à la Vierge. Léonard et Marc-Clevens, les danseurs du groupe, reprennent leurs mouvements mi-saccadés, mi-gracieux. Léonard arrête tout à coup de gesticuler. S'échappent alors de sa gorge deux syllabes répétées deux fois: « Uya, uya ! » exprimant d'une voix forte son propre alléluia. La prière de tout le groupe est alors sublimée par un « Uya, uya ! » désarticulé dans la bouche d'un petit garçon de huit ans, aux yeux asymétriques qui avait à peine ouvert la bouche de l'heure.

Après une heure de caté, lorsque parents et éducateurs viennent rechercher les enfants, les sourires expriment le bonheur d'avoir prié ensemble. « Ce qu'il se passe ici chaque mercredi après-midi, ça ne se raconte pas, ça se vit », confie Marie-Élisabeth. Aujourd'hui, marraine de sept d'entre eux, la dame en rose maintient un lien avec ses anciens protégés au-delà des séances du mercredi après-midi, à l'IEM de Bailly. Lumineuse, elle confie: « Ces tout-petits, ce sont ceux dont parle Jésus dans l'Évangile. Ils sont vraiment mes maîtres dans la foi. » ■

Anne-Quitterie Jozeau

***De gauche à droite :** Tristan, Joséphine, Léonard, Camille, Lidia, Éloi, Abigaël, Geneviève et Marc-Clevens.*

RENDEZ-VOUS DANS VOTRE JOURNAL DE BORD. P. 33

POUR ALLER PLUS LOIN

Quel est le cri de ma prière ?

Comment ma joie s'exprime-t-elle dans ma prière ?

Quels sont les « tout-petits » que je peux nommer mes « maîtres dans la foi » ?

© Kutredrig / Getty Images

« Hosanna au plus haut des cieux ! »

Marc 11, 10

L'Évangile des Rameaux

LIRE

ÉVANGILE SELON SAINT MARC 11, 1-10

« Hosanna au plus haut des cieux! »

Lorsqu'ils approchent de Jérusalem, vers Bethphagé et Béthanie, près du mont des Oliviers, Jésus envoie deux de ses disciples et leur dit: « Allez au village qui est en face de vous. Dès que vous y entrerez, vous trouverez un petit âne attaché, sur lequel personne ne s'est encore assis. Détachez-le et amenez-le. Si l'on vous dit: "Que faites-vous là ?", répondez: "Le Seigneur en a besoin, mais il vous le renverra aussitôt." » Ils partirent, trouvèrent un petit âne attaché près d'une porte, dehors, dans la rue, et ils le détachèrent. Des gens qui se trouvaient là leur demandaient: « Qu'avez-vous à détacher cet ânon ? » Ils répondirent ce que Jésus leur avait dit, et on les laissa faire. Ils amenèrent le petit âne à Jésus, le couvrirent de leurs manteaux, et Jésus s'assit dessus. Alors, beaucoup de gens étendirent leurs manteaux sur le chemin, d'autres, des feuillages coupés dans les champs. Ceux qui marchaient devant et ceux qui suivaient criaient: « Hosanna! Béni soit celui qui vient au nom du Seigneur! Béni soit le Règne qui vient, celui de David, notre père. Hosanna au plus haut des cieux! »

Le vitrail de Pâques

Vous pouvez méditer « en couleurs » le dimanche des Rameaux et de la Passion.

APPROFONDIR

De la Jérusalem terrestre à la Jérusalem céleste

L'entrée de Jésus dans la Ville sainte ouvre la dernière semaine de sa vie terrestre. Cette entrée de Jésus s'inscrit dans la ligne des actions symboliques posées par les prophètes (Jérémie, Ézékiel...). Signifiante en elle-même, cette action anticipe aussi son entrée dans la Jérusalem céleste après sa résurrection.

LE TEMPS DE LA PRÉPARATION

« *Le Seigneur en a besoin.* » (Mc 11, 3)

LE TEMPS DE L'OBSERVATION

Les précisions géographiques renvoient à des lieux où se dérouleront des événements importants de cette dernière semaine : Béthanie où Jésus recevra l'onction (Mc 14, 3) et où il évoquera sa mort, en quelque sorte « humanisée » par ce geste de respect et d'amour ; le mont des Oliviers où il vivra son « agonie » (Mc 14, 32-42). Tout dans les préparatifs de l'entrée à Jérusalem semble parfaitement maîtrisé. Le Christ « sait » ce que ses disciples vont trouver. Il en est de même des préparatifs pour le dernier repas (Mc 14, 12-16). Une façon de dire au lecteur que Jésus sait où il va. C'est librement qu'il affronte les événements qui le conduisent à sa Passion. En entrant dans la Ville sainte sur un ânon, il accomplit les prophéties de l'Ancien Testament, se révélant comme le Roi-Messie doux et humble de cœur. La note d'humilité, mise en valeur par le recours à la prophétie de Zacharie (cf. Za 9, 9), est également soulignée par le « besoin » que Jésus a de l'humanité pour mener à bien sa mission.

LE TEMPS DE LA MÉDITATION

Aujourd'hui encore, Jésus veut nous faire comprendre qu'il désire être roi dans nos vies, qu'il désire être accueilli comme le Messie libérateur : non par la violence, mais par la douceur et l'humilité. Il sait que nous sommes capables de « retourner notre veste », comme les foules de Jérusalem, et de le mettre symboliquement à mort après l'avoir acclamé. Il n'en demeure pas moins celui qui « frappe à la porte » de notre cœur pour y entrer et prendre avec nous son souper (cf. Ap 3, 20), celui qui nous révèle le Père en quête de l'humanité blessée à laquelle nous appartenons. Alors laissons résonner cette parole : « Le Seigneur en a besoin. » Demandons-nous ce qui nous freine, nous empêche de nous donner à lui : la peur, l'orgueil, notre raison raisonnante, notre affectivité malmenée ? Des résistances qu'il est bon d'offrir à la grâce transformante de l'Esprit.

LE TEMPS DE LA PRIÈRE

« *Portes, levez vos frontons, levez-les,*
portes éternelles : qu'il entre,
le roi de gloire ! » (Ps 23, 9).

Emmanuelle Billoteau, ermite

LES COULEURS DE LA VIE

Noir

« J'ai peur du noir », dit l'enfant réclamant qu'on laisse la porte de sa chambre ouverte. Une prière noire, c'est la complainte de nos nuits sans étoiles, le cri du veilleur près de renoncer. C'est l'espérance qui ne tient plus qu'à un fil et le silence du Samedi saint, juste avant que ne soit ouverte la porte ouverte du tombeau.

« *Accablé, prostré,*
à bout de forces,
tout le jour j'avance
dans le noir [...]
Viens vite à mon aide,
Seigneur, mon salut ! »
Psaume 37, 7.23

Ubi caritas

L'hymne *Ubi caritas* accompagne traditionnellement le rite du lavement des pieds le Jeudi saint. Au jour où nous commémorons la dernière Cène, ce geste et ce chant nous rappellent le sens profond de l'eucharistie. Celui qui se donne à nous est le Christ serviteur. Plus nous vivons avec « amour et charité », plus nous sommes en mesure d'entrer dans le mystère de sa présence.

Ubi caritas et amor, Deus ibi est.
Congregavit nos in unum Christi amor.
Exsultemus, et in ipso jucundemur.
Timeamus, et amemus Deum vivum.
Et ex corde diligamus nos sincero.
Ubi caritas et amor, Deus ibi est.

Où sont amour et charité, Dieu est présent.
Nous sommes unis dans l'amour du Christ.
Exultons et réjouissons-nous en lui.
Craignons et aimons le Dieu vivant.
Et aimons-nous les uns les autres d'un cœur sincère.
Où sont amour et charité, Dieu est présent.

Le pape François lave les pieds de douze détenus lors la messe du Jeudi saint célébrée dans l'établissement pénitentiaire de Civitavecchia, au nord de Rome (Italie), le 14 avril 2022.

Le grain qui meurt

Du couronnement d'épines à la mise au tombeau, en une page, tout est dit de la Passion. L'artiste va à l'essentiel et nous invite à porter sur ces évènements un regard de foi.

Passion du Christ (XIe siècle), miniature du Codex Aureus d'Echternach, Musée national germanique, Nuremberg (Allemagne).

Les trois registres de l'image ont le même décor minimaliste : un horizon de bandes colorées avec, pour figurer le sol, une succession de petites volutes. Au bandeau supérieur, Jésus, qui porte un manteau bleu sur sa tunique pourpre, est pris au milieu d'un groupe d'hommes. L'un d'eux lui pose la couronne d'épines sur la tête. Étonnamment, Jésus ne semble pas captif ; c'est lui qui prend la main du personnage qui conduit le cortège et non l'inverse. Ce détail nous fait comprendre que Jésus est libre et qu'il ne subit pas sa Passion : « [Ma vie] nul ne peut me l'enlever : je la donne de moi-même » (Jn 10, 18). Précédant de quelques pas la troupe, Simon de Cyrène porte la Croix. Cette belle croix d'or, cernée d'un orange intense, c'est l'instrument du salut qui, sur les autres registres, est représenté unissant le ciel et la terre. Sur le bandeau central, Jésus crucifié porte sa longue tunique royale et garde les bras largement ouverts. L'artiste ne s'attarde pas sur ses souffrances ni sur la barbarie des hommes mais attire notre attention sur la portée de la crucifixion : « Quand j'aurai été élevé de terre, j'attirerai à moi tous les hommes » (Jn 12, 32). À part Marie et Jean qui se tiennent de chaque côté de la Croix, les autres personnages sont représentés à une plus petite échelle : leur présence sert simplement le dessein de Dieu.

Un dessein que l'inscription et les images du registre inférieur explicitent : Jésus, descendu de la Croix et mis au tombeau, est le grain mis en terre qui meurt pour porter « beaucoup de fruit » (Jn 12, 24). Le monde nouveau qu'inaugure Jésus « germe déjà, ne le voyez-vous pas ? » (cf. Is 43, 19). Les petites pousses rouges du sol de la crucifixion sont devenues de jeunes arbres vigoureux qui annoncent déjà la Résurrection. ■

Dominique Pierre

Content_DFY / Aurimages

Les trois femmes au tombeau (XIVe siècle), fresque du monastère Saint-Benoit, Rome (Italie). © Luisa Ricciarini / Bridgeman Images

« Il est ressuscité »

Marc 16, 6

L'Évangile de la veillée pascale

LIRE

ÉVANGILE DE JÉSUS CHRIST SELON SAINT MARC 16, 1-7

« Il est ressuscité »

Le sabbat terminé, Marie Madeleine, Marie, mère de Jacques, et Salomé achetèrent des parfums pour aller embaumer le corps de Jésus. De grand matin, le premier jour de la semaine, elles se rendent au tombeau dès le lever du soleil. Elles se disaient entre elles : « Qui nous roulera la pierre pour dégager l'entrée du tombeau ? » Levant les yeux, elles s'aperçoivent qu'on a roulé la pierre, qui était pourtant très grande. En entrant dans le tombeau, elles virent, assis à droite, un jeune homme vêtu de blanc. Elles furent saisies de frayeur. Mais il leur dit : « Ne soyez pas effrayées ! Vous cherchez Jésus de Nazareth, le Crucifié ? Il est ressuscité : il n'est pas ici. Voici l'endroit où on l'avait déposé. Et maintenant, allez dire à ses disciples et à Pierre : "Il vous précède en Galilée. Là vous le verrez, comme il vous l'a dit." »

Le vitrail de Pâques

Vous pouvez méditer « en couleurs » le jour de Pâques.

Prions en Église

CARÊME 2024

Journal de bord

OFFERT AVEC LE HORS-SÉRIE DE PRIONS EN ÉGLISE « **PÂQUES 2024** » – NE PEUT ÊTRE VENDU

SOMMAIRE

Textes : Sébastien Antoni, Frédéric Pascal, AELF.
Conception graphique et réalisation : Pomme Mignon.

Un Carême de prières

En 2024, à l'invitation du pape, l'accent est mis sur la vie de prière des fidèles : le rosaire, le chemin de croix, l'oraison… sont des façons de prier, parmi beaucoup d'autres. Chacun a ses propres outils et méthodes, qu'il peut utiliser seul ou en groupe selon ses préférences et ses contraintes. Pendant le Carême, pourquoi ne pas prendre un moment pour réfléchir à notre propre pratique de la prière ? Souhaitons-nous l'approfondir, l'explorer, la renforcer ou la rénover ?
Au cours de ces quarante jours menant à Pâques, ce journal de bord nous accompagnera et nous fera réfléchir à notre manière de faire.
Explorons ensemble toutes les facettes et les richesses de la louange, de la supplication, de l'intercession et de l'adoration. Un programme intensif de quarante jours pour renforcer notre lien avec Dieu et le maintenir tout au long de l'année !

Sébastien Antoni,
prêtre assomptionniste

Cendres

Les cendres, issues des rameaux brûlés de l'année précédente, sont déposées aujourd'hui sur nos fronts. Cette tradition a des racines bibliques et était à l'origine associée à la pénitence pour réparer les péchés graves. Au VIIe siècle, elle est devenue le rituel du mercredi des Cendres, où les pécheurs se confessaient puis étaient temporairement exclus de la communauté en signe de repentance. Au Moyen Âge, cette pratique s'est assouplie pour englober tous les adultes des paroisses. Aujourd'hui, le mercredi des Cendres a évolué vers une dimension plus personnelle et positive du Carême, mettant en avant la conversion et la foi en l'Évangile pour célébrer, avec toute l'Église, le jour de Pâques.

(source : glossaire.eglise.catholique.fr) Dessin : Pomme

Chaque jour, écrivez au bas de la page le prénom d'une personne ou une situation pour lesquelles vous voulez prier.

Aujourd'hui, je prie pour : ....

L'examen du Règne

Le père Emmanuel d'Alzon, fondateur des Assomptionnistes, a proposé une méthode simple pour relire sa vie. Et si nous l'utilisions pour guider notre Carême ?

1. Faire advenir le règne de Dieu en moi.

Pendant ce Carême, que vais-je faire pour nourrir ma relation au Christ ?
Et pour être disponible aux signes de l'Esprit ?

2. Faire advenir le règne de Dieu entre nous.

Pendant ce Carême, comment vais-je être attentif à ceux qui me sont proches ?
Comment vais-je favoriser la communion entre tous au sein de ma communauté ?

3. Faire advenir le règne de Dieu autour de moi.

Pendant ce Carême, comment vais-je m'informer sur la vie du monde ?
Comment ma façon de vivre contribuera-t-elle à réduire l'inégalité ou les injustices ?
Comment vais-je annoncer Jésus Christ ?

Aujourd'hui,
je prie pour : ....

Les mots de la prière

Dans cette grille sont mêlés 18 mots qui parlent de la prière. J'essaye de les retrouver tout en écoutant les chants proposés p. 2 du hors-série *Pâques 2024.*

B	S	J	K	F	W	V	H	B	B	O	U	G	I	E
J	N	U	D	X	C	R	O	I	X	D	M	U	U	T
B	H	U	E	S	I	G	U	G	Q	V	G	Q	W	S
P	I	V	C	H	A	P	E	L	E	T	I	A	B	T
H	D	B	C	N	I	C	O	N	E	S	A	Ç	B	A
O	S	U	L	A	N	U	O	H	U	K	T	C	J	T
T	R	F	P	E	L	B	B	M	R	P	P	R	S	U
O	Q	L	L	A	S	U	M	J	B	E	A	U	T	E
R	C	I	S	C	I	M	M	I	W	V	Y	L	E	L
I	S	H	M	I	H	X	Ç	I	K	X	S	V	I	C
V	M	U	L	V	Z	A	B	S	E	P	A	I	V	Ç
W	L	A	Z	U	Ç	Y	N	L	M	R	G	J	S	K
N	O	S	G	S	O	L	I	T	U	D	E	F	Y	I
T	P	M	I	E	A	P	Ç	H	E	U	R	E	S	W
C	O	M	M	U	N	A	U	T	E	Z	G	F	V	V

LUMIÈRE - PAYSAGE - SILENCE - BOUGIE - BEAUTÉ - PAIX - SOLITUDE - MUSIQUE - CHANT
BIBLE - PHOTO - IMAGE - ICÔNE - STATUE - CHAPELET - CROIX - COMMUNAUTÉ - HEURES

Aujourd'hui,
je prie pour : ....

Lire la Parole

Ce samedi, je peux méditer l'évangile de demain (à retrouver p. 20 dans le hors-série *Pâques 2024*) à partir des questions suivantes.

Je pense à une tentation ou un défi actuel que j'affronte dans ma vie. Comment l'exemple de Jésus pourrait-il me guider pour faire face à cette situation ?

....

....

....

....

Je pense à une tentation ou un défi actuel. Comment puis-je inclure dans ma routine quotidienne un moment de retraite et de préparation inspiré par l'exemple de Jésus dans le désert ?

....

....

....

....

Aujourd'hui,
je prie pour : ....

Aller plus loin

Le frère Patrick Prétot nous invite à réfléchir à la manière dont notre prière peut s'enrichir tout au long du Carême (p. 22 du hors-série *Pâques 2024)*. Après avoir lu la conversation, je peux noter mes réflexions à partir des questions ci-dessous.

Patrick Prétot

- En cette période de Carême, comment puis-je « ajuster » ma prière?
- Comment l'Écriture, et spécialement les psaumes, peuvent-ils être au cœur de ce Carême?
- Quelle place puis-je laisser au silence?

Aujourd'hui,
je prie pour :

Dizainier

Et si je fabriquais un dizainier pour prier la Vierge Marie et méditer les mystères du Rosaire ? Ce n'est pas si compliqué à faire…

Bricoler

Matériel

10 perles en bois de 8 mm de diamètre environ • Une petite croix en bois avec un petit trou en haut • 30 cm d'élastique à chapeau.

1. Enfilez la croix sur l'élastique, mettez-la au milieu du fil et bloquez-la par un nœud.
2. Enfilez 5 perles de chaque côté en faisant un petit nœud simple entre chaque perle.
3. Répartissez les perles de manière égale. Ne les serrez pas trop les unes contre les autres, ce sera plus joli.
4. Fermez l'élastique par un nœud et coupez l'élastique en trop.
5. Le dizainier est prêt !
6. N'importe quand dans la journée, vous pouvez prier une dizaine de chapelet. En tenant la croix, priez le Notre Père et un Je vous salue Marie à chaque perle.

Aujourd'hui,
je prie pour : ....

Pain et pomme

Traditionnellement, le jeûne se manifeste par un bol de riz. Voici un repas de Carême différent avec cette recette d'un pain de seigle aux tomates séchées ou aux olives, accompagné d'une simple pomme.

Recette

PAIN DE SEIGLE

Préparation : 30 min - Repos : 2 heures - Cuisson : 35 min

Pour 4 à 6 personnes

12 g de levain de boulanger en sachet (ou de levure fraîche de boulanger) • 18 cl d'eau tiède • 150 g de farine de blé • 150 g de farine de seigle • 2 cuil. à café de sel • 2 cuil. à soupe d'huile d'olive • 50 g de tomates séchées ou d'olives noires en morceaux • 1 cuil. à soupe d'huile de tournesol • Poivre blanc.

1. Émiettez la levure et délayez-la dans l'eau tiède. Versez les farines dans un saladier et mélangez-les. Incorporez la levure délayée, le sel, le poivre et l'huile d'olive.

2. Pétrissez la pâte au robot pendant 10 min environ. Formez une boule de pâte et placez-la dans un saladier. Couvrez d'un linge et laissez gonfler dans un endroit chaud et à l'abri des courants d'air pendant une heure environ.

3. Incorporez à la pâte les tomates séchées concassées ou les olives noires.

4. Huilez légèrement un moule à cake de 22 cm avec l'huile de tournesol. Donnez une forme de boudin à la pâte et placez-la dans le moule. Couvrez d'un linge et laissez gonfler pendant une heure dans un endroit chaud.

5. Préchauffez le four à 240 °C (th. 8). Placez un bol d'eau chaude dans le bas du four. Badigeonnez le dessus du pain avec un peu d'eau, puis enfournez-le 35 minutes. Baissez la température du four à 120 °C (th. 7) pour les 15 dernières minutes.

6. Démoulez le pain et laissez-le refroidir.

Aujourd'hui,
je prie pour : ....

Doigts de prière

Nos cinq doigts nous invitent à prier. Cette petite méthode de prière a été popularisée par le pape François.

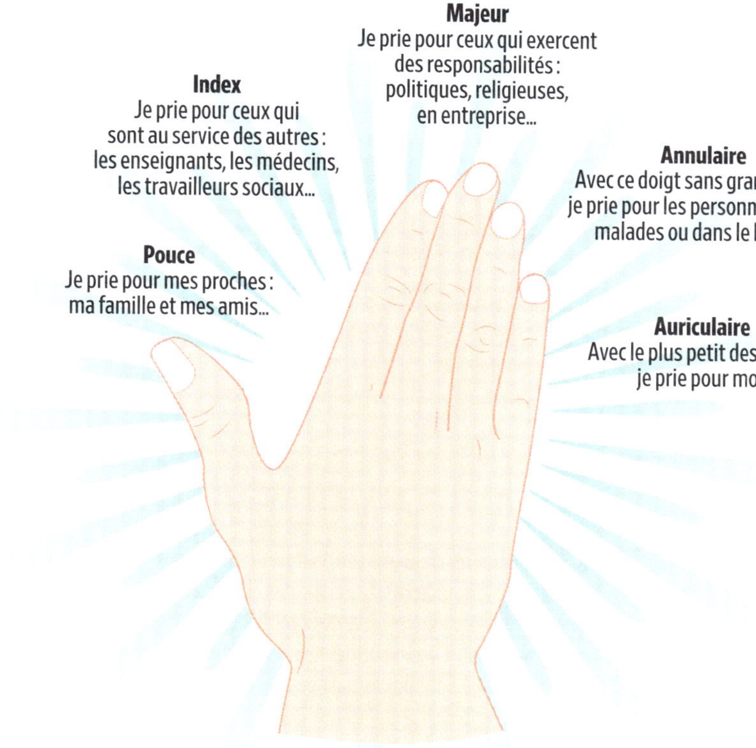

Aujourd'hui,
je prie pour : ....

Chant

Je peux chanter *Tu entends mon cri*, que je retrouve dans la playlist de mon hors-série *Pâques 2024* (page 2).

R. Tu entends mon cri, tendre Père,
toi l'infinie miséricorde.
Je m'appuie sur toi, je t'espère,
parle Seigneur, mon cœur est prêt.

1. Comme l'or au creuset, purifie mon cœur,
ne m'abandonne pas.
Par l'eau et par le feu, renouvelle-moi,
revêts-moi de ta joie.

2. Sans crainte devant toi, je remets ma vie,
ne m'abandonne pas.
Montre-moi ton chemin affermis mes pas,
revêts-moi de ta joie.

3. Au plus fort de la nuit reste près de moi,
ne m'abandonne pas.
Je choisis la clarté car j'aime ta loi,
revêts-moi de ta joie.

4. Attentif à ma voie, tu veilles toujours,
ne m'abandonne pas.
Ma bouche redira sans fin ton amour,
revêts-moi de ta joie.

LE SAVIEZ-VOUS ?

Le chant est un formidable générateur de plaisir et d'énergie positive, un antidépresseur naturel, gratuit et sans effet secondaire ! De puissantes émotions sont libérées par le chant. Ce déblocage permet de retrouver sérénité et confiance en soi, et améliore l'équilibre général et la concentration. La convivialité et la bonne humeur qui règnent en fin de soirée au sein d'une chorale n'ont pas fini de nous le prouver !

Aujourd'hui,
je prie pour : ....

Saint Modeste

SAMEDI 24 FÉVRIER 2024

Lire la Parole

Ce samedi, je peux méditer l'évangile de demain (à retrouver p. 30 dans le hors-série *Pâques 2024*) à partir de la proposition suivante.

Je choisis un passage qui soutient ma prière. Je le recopie et le lis trois fois lentement pour m'imprégner de la parole de Dieu.

Aujourd'hui,
je prie pour :

Aller plus loin

Frédéric et Nolwenn Jamois se confient sur leur prière conjugale (p. 32 du hors-série *Pâques 2024*). Après avoir lu la conversation, je peux noter mes réflexions à partir des questions ci-dessous.

Frédéric et Nolwenn Jamois

- Que suis-je invité à vivre, avec mon conjoint, dans notre prière conjugale, pendant ce Carême?
- Comment ma prière est-elle un dialogue? Avec mon conjoint, des amis, en communauté, des défunts, le Tout-Autre?
- Quand je prie avec d'autres, y a-t-il des choses qui m'intimident, comme Frédéric?

Aujourd'hui, je prie pour :

Bougie parfumée

Cette bougie parfumée répandra dans ma maison – ou chez la personne à qui je l'offrirais – la bonne odeur du Christ.

Bricoler

Pour 1 bougie

Des pastilles de cire de soja • 1 mèche • 1 casserole • 1 pichet • 1 bocal en verre • 1 flacon d'huile essentielle ou d'huile parfumée • 1 thermomètre de cuisine

1. Faites couler une goutte de cire fondue pour coller la mèche au centre du moule.

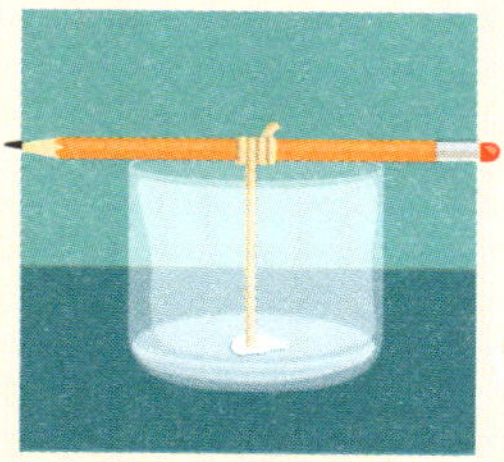

2. Enroulez la mèche autour d'un crayon. Posez-le sur le rebord du moule pour tenir la mèche.

3. Faites fondre la cire au bain-marie dans le pichet.

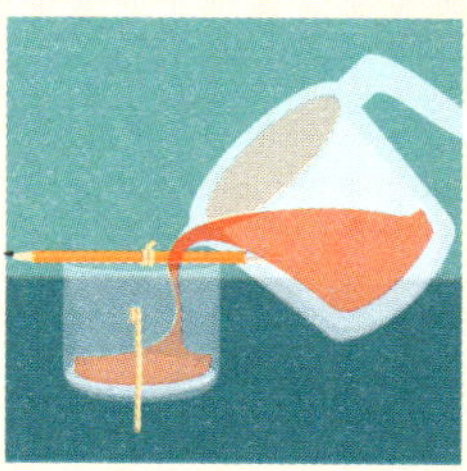

4. Versez la cire fondue dans le moule.

5. Versez 30 ml d'huile parfumée dans la cire fondue. Laissez refroidir 24 heures.

6. Coupez la mèche.

Aujourd'hui,
je prie pour : ....

Fourzitou

Sous le nom de « fourzitou » se cache un gratin simple et improvisé, conçu pour utiliser les restes du réfrigérateur et éviter le gaspillage alimentaire. En Carême, c'est une recette de rigueur !

© AdobeStock

Le gratin se révèle la solution idéale pour valoriser au quotidien des restes de pâtes, quelques légumes et, éventuellement, un surplus de viande déjà cuite.

Afin de réussir un « Fourzitou », il est crucial que les différents ingrédients entrant dans sa composition soient déjà cuits et uniformément coupés : les légumes en cubes ou en rondelles, le jambon en lamelles, le poulet rôti en dés...

Aujourd'hui,
je prie pour : ....

Prière des Heures

Et si nous profitions de cette journée supplémentaire pour prier les Heures ? Pour être guidé, je peux me connecter à l'application *Prions en Église*.

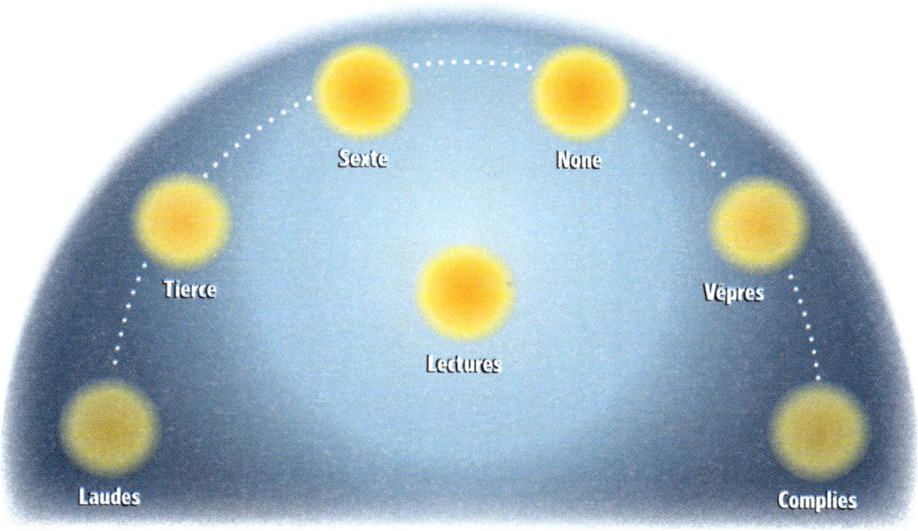

1. Laudes : louanges matinales au lever du soleil pour sanctifier les heures du matin.

2. Tierce, sexte et none : prières du milieu du jour, selon la manière juive de compter les heures. C'est-à-dire que la première heure n'est pas minuit, mais 6 heures du matin. Choisissez une des trois Heures : tierce à la 3e heure (9 heures) ; sexte à la 6e heure (midi) ; ou none à la 9e heure (15 heures).

3. Vêpres : prière d'intercession à la nuit tombante.

4. Complies : prière au moment du coucher. Cet office offre une conclusion calme et méditative à la journée.

5. Les lectures : lectures bibliques et de grands croyants de l'Église, à dire n'importe quand dans la journée.

Aujourd'hui,
je prie pour : ....

Sept différences

En regardant (et en méditant) ces deux représentations de l'Angélus de Jean-François Millet (1859), j'essaye de trouver sept différences.

Solution : 1. Le personnage de gauche ; 2. la longueur du manche de la fourche ; 3. la fourche est devenue une pelle ; 4. le chapeau dans les mains de l'homme ; 5. le nœud dans le fichu de la femme ; 6. le chat sur la brouette ; 7. la fleur dans le panier.

Aujourd'hui,
je prie pour : ....

Lire la Parole

Ce samedi, je peux méditer l'évangile de demain (à retrouver p. 40 dans le hors-série *Pâques 2024*) à partir des questions suivantes.

Quelle est ma réaction quand je lis ce passage où Jésus chasse les marchands du Temple? Quels sentiments cela suscite-t-il en moi?

....

....

....

....

....

À quelles occasions ai-je ressenti le besoin de purifier mon propre cœur, ma relation avec Dieu ou ma pratique religieuse?

....

....

....

....

....

Aujourd'hui, je prie pour : ....

Aller plus loin

Des lecteurs de *Prions en Église* se confient sur leur prière (p. 42 du hors-série *Pâques 2024*). Après avoir lu leurs témoignages, je peux noter mes réflexions à partir des questions ci-dessous.

- Et moi, où l'Esprit souffle-t-il dans ma vie?
- Par quels moyens, quels lieux, ma prière s'exprime-t-elle?
- Que dois-je aménager ou désencombrer dans ma vie pour me rendre plus disponible à l'oraison?

....

....

....

....

....

....

....

....

....

....

....

Aujourd'hui,
je prie pour : ....

Marque-page

Pour marquer la page de ma bible, je peux confectionner ce signet tout en écoutant les chants proposés page 2 du hors-série *Pâques 2024*.

Matériel

De la colle • 1 crayon à papier • Du papier-calque • 1 crayon X-Acto ou un cutter • 2 feuilles de papier de couleur. (N'oubliez pas de protéger votre bureau avec une planche à découper ou un carton.)

Bricoler

1. Imprimez ou dessinez un motif de votre choix, en noir et blanc, de 7 x 20 cm. Chaque trait doit être relié de près (ou de loin) aux bords du dessin.

2. Décalquez votre motif sur une feuille de couleur. Attention, il apparaîtra à l'envers, pensez-y avant de commencer. Laissez un bord de 4 mm de chaque côté.

3. Sur la planche à découper, suivez les contours du dessin avec le cutter, en appuyant fort. Avant chaque coup de cutter, réfléchissez bien aux zones qui doivent être pleines ou vides.

4. Soyez très délicats pour ne pas trop couper ou arracher le papier, surtout dans les coins.

5. Collez le résultat sur un autre rectangle de papier de couleur.

Petit conseil
Choisissez un fond plus clair, votre dessin ressortira mieux.

Aujourd'hui,
je prie pour : ....

Eau chaude

L'eau irrigue nos vies comme la prière irrigue notre foi. Cette infusion de Pâques peut accompagner ma lecture du conte *Les enfants et le clocher* (p. 44 du hors-série *Pâques 2024)*.

Recette

INFUSION DE PÂQUES

Préparation : 5 min - Infusion : 18 min

Pour 4 personnes

10 g de réglisse, racine coupée • 2 cuil. à café de menthe poivrée • 1 cuil. à café d'écorce d'orange en poudre • 4 cuil. à soupe de miel

1. Versez dans une casserole 1 litre d'eau. Jetez-y la racine de réglisse coupée. Faites chauffer et portez à petite ébullition pendant 5 minutes.

2. Coupez le feu et ajoutez la menthe poivrée ainsi que l'écorce d'orange en poudre. Laissez infuser pendant 10 minutes à couvert.

3. Filtrez et ajoutez le miel. Mélangez bien. Chauffez quelques instants la boisson pour qu'elle soit bien chaude. Elle peut également être dégustée à température ambiante.

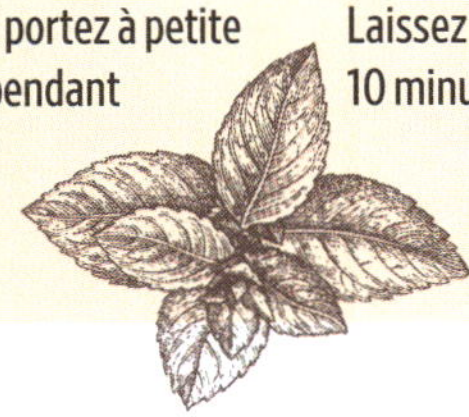

© Elena Leya pour Unsplash

Aujourd'hui,
je prie pour : ....

Dieu, merci !

Voici une petite méthode pour remercier Dieu en 5 minutes chrono ! Je choisis un moment, une rencontre, un mot qui m'a fait du bien.

- **Reconnaissance** : je note le souvenir que j'ai choisi.

....

- **Émerveillement** : que s'est-il passé durant ce moment ?

....

- **Remerciement** : pour ce que Dieu m'a apporté par et dans ce moment.

....

- **Contentement** : j'exprime en un mot le sentiment heureux que ce souvenir m'apporte.

....

- **Introspection** : que m'apporte de rendre grâce ? Comment remercier Dieu transforme ou non mon existence ?

....

Aujourd'hui,
je prie pour : ....

Chemin de croix

On peut prier le chemin de croix chaque vendredi de Carême. Il rappelle le chemin parcouru par Jésus portant sa Croix dans les heures précédant sa mort. Je peux me laisser surprendre et même bousculer en contemplant cet étonnant chemin de croix illustré par ***Gaëtan Évrard.***

4. Jésus rencontre sa mère Marie.

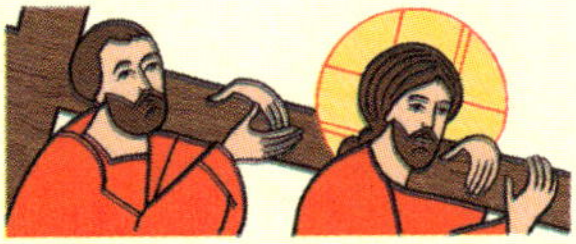

5. Simon de Cyrène aide Jésus à porter la Croix.

6. Véronique essuie le visage de Jésus.

10. Jésus est dépouillé de ses vêtements.

11. Jésus est crucifié.

12. Jésus meurt sur la Croix.

Les stations du chemin de Croix

1. Jésus est condamné à mort.

2. Jésus prend sa Croix.

3. Jésus tombe pour la première fois.

7. Jésus tombe pour la deuxième fois.

8. Jésus console
les femmes de Jérusalem.

9. Jésus tombe
pour la troisième fois.

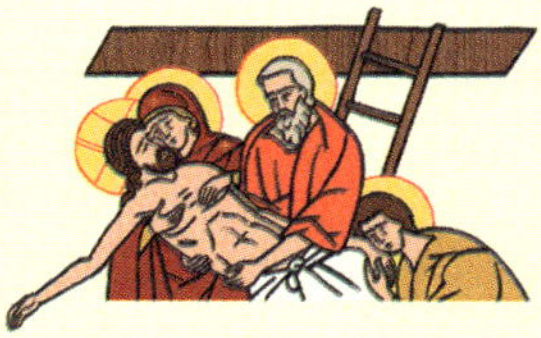

13. Le corps de Jésus
est descendu de la Croix.

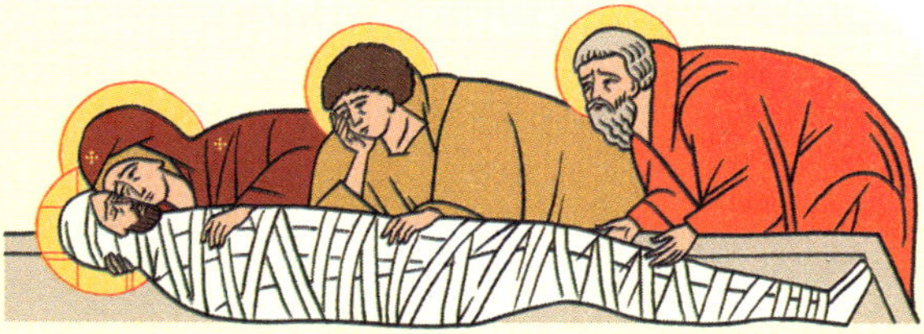

14. Jésus est déposé au tombeau.

Aujourd'hui,
je prie pour : ....

Lire la Parole

Ce samedi, je peux méditer l'évangile de demain (à retrouver p. 50 dans le hors-série *Pâques 2024*) à partir des questions suivantes.

1. Je lis le texte

Je note les éléments du texte qui ont particulièrement retenu mon attention : est-ce un personnage ? une parole ? une attitude ?

....

....

....

2. Je relis le texte

J'écris ce qu'il m'inspire et comment il nourrit ma foi aujourd'hui.

....

....

....

3. Je relis une fois de plus

J'écris une prière à partir de ce passage d'évangile.

....

....

....

Aujourd'hui,
je prie pour : ....

Aller plus loin

Céline Rohmer, théologienne protestante, nous partage son regard sur le Notre Père (p. 52 du hors-série *Pâques 2024*). Après avoir lu la conversation, je peux noter mes réflexions à partir des questions ci-dessous.

Céline Rohmer

- Est-ce que je reconnais en Dieu « notre » Père?
- La prière du Notre Père a-t-elle, pour moi, une saveur particulière?
- Quelle est la phrase que j'aime le plus dans cette prière?

Aujourd'hui, je prie pour :

Dé de Carême

En lançant mon dé, une action me sera suggérée pour chaque jour de Carême qui reste avant Pâques.

Bricoler

Matériel

1 feuille blanche de dessin format 24 x 32 • 6 carrés de papiers de couleurs différentes de 6 x 6 cm • De la colle en stick • Une paire de ciseaux • Des feutres de différentes couleurs.

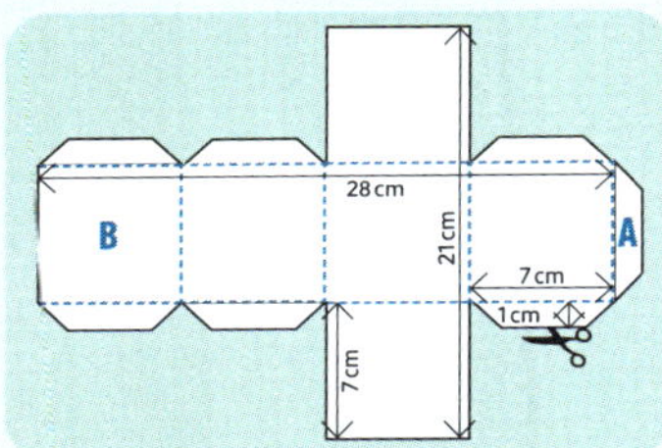

1. Reproduisez ce schéma sur une feuille de dessin blanche de 24 x 32 cm. Découpez-le. Marquez les plis le long des pointillés à l'aide d'une règle et d'un capuchon de stylo.

2. Découpez six carrés de 6 cm de côté dans différents papiers de couleur. Collez un carré au milieu de chaque face du dé.

3. Recopiez chacune de ces phrases sur une face du cube :

- *Aujourd'hui, je téléphone à quelqu'un de ma famille que je n'ai pas vu depuis longtemps.*
- *Aujourd'hui, j'offre un sourire aux personnes que je croise.*
- *Aujourd'hui, je propose à un ami avec lequel je me suis fâché de nous réconcilier.*
- *Aujourd'hui, je remercie Dieu pour la beauté de la Création.*
- *Aujourd'hui, je rends un service pour aider à la maison.*
- *Aujourd'hui, je prends un temps de prière dans ma chambre.*

4. Pour monter le dé, pliez le long des pointillés. Mettez de la colle sur la languette **A** et collez-la sous la face **B**. Mettez de la colle sur les autres languettes. Rabattez les deux faces du haut et du bas pour les coller et fermer le dé.

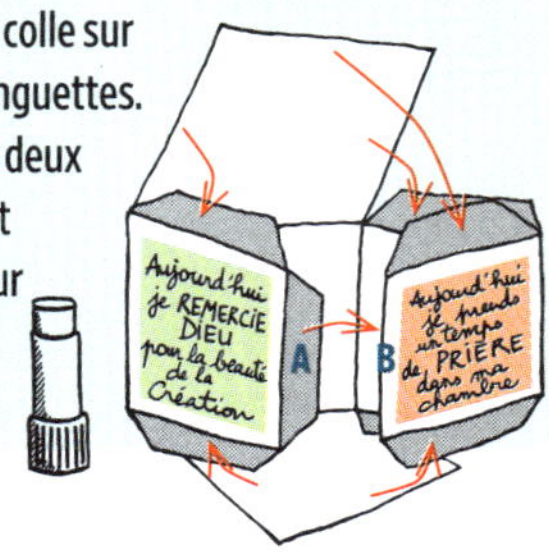

Conception et texte : Laure de Chérisey. Croquis : Catherine Marie Vernier.

Aujourd'hui, je prie pour : ....

Hot cross buns
Brioches de Carême

Cette recette ancienne est dégustée dans les pays anglo-saxons tout au long du Carême et particulièrement le Vendredi saint.

Recette

Ingrédients :
500 g de farine • 250 ml de lait tiède • 20 g de levure de boulanger fraîche • 1 œuf • 50 g de beurre • 50 g de sucre • 8 g de sel • 1 zeste d'orange • 1 cuil. à café de cannelle • 75 g de raisins secs • 35 g d'écorces d'oranges confites en petits dés.

1. Mettez les raisins à tremper. Réservez.

2. Délayez la levure dans le lait tiède. Faites fondre le beurre.

3. Dans le bol, versez la farine, le sucre, le sel, le zeste d'orange et la cannelle. Mélangez. Ajoutez le beurre. Pétrissez.

4. Versez le mélange lait et levure, continuez à pétrir et ajoutez l'œuf. Pétrissez. Couvrez avec un linge et laissez reposer jusqu'à ce que le volume double. Préchauffez le four à 200 °C.

5. Dégazez la pâte, et incorporez les raisins secs égouttés et les écorces d'orange. Pétrissez.

6. Formez douze boules identiques, déposez-les sur une plaque allant au four. Laissez les pains gonfler.

7. Mettez 2 cuil. à soupe de farine dans un bol. Ajoutez de l'eau jusqu'à obtenir une crème épaisse. Versez-la sur les pains, en formant une croix. Enfournez 15 minutes.

Aujourd'hui, je prie pour : ....

Prier en 5D

Je prie à partir des cinq sens : cette petite méthode permet de guider la prière en toutes occasions, notamment en famille.

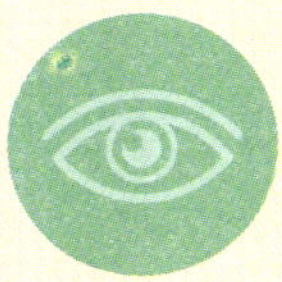

1. La vue

J'observe mon environnement et je médite sur la création de Dieu. Je rends grâce en m'inspirant de ce que je vois.

2. L'ouïe

Je ferme les yeux, j'écoute. J'oriente ma prière à partir de ces sons et de ces bruits qui sont autour de moi ou en moi.

3. L'odorat

Avec de l'encens, du parfum ou des huiles parfumées, je me souviens que vivre en chrétien c'est répandre la « bonne odeur du Christ » dans le monde.

4. Le goût

Lors d'un repas ou d'une collation, je prie en remerciant Dieu pour la nourriture et les saveurs.

5. Le toucher

Je prends en main une croix ou un chapelet. Je les considère comme des moyens de me rapprocher de Dieu.

Aujourd'hui, je prie pour : ....

Calme

« Repose-toi sur le Seigneur et compte sur lui. [...] Laisse ta colère, calme ta fièvre » (Ps 36, 7-8). Pour entrer dans la prière, il me faut faire le calme en moi. Apprendre à respirer profondément, avec mon ventre, m'y aidera.

LA RESPIRATION ABDOMINALE

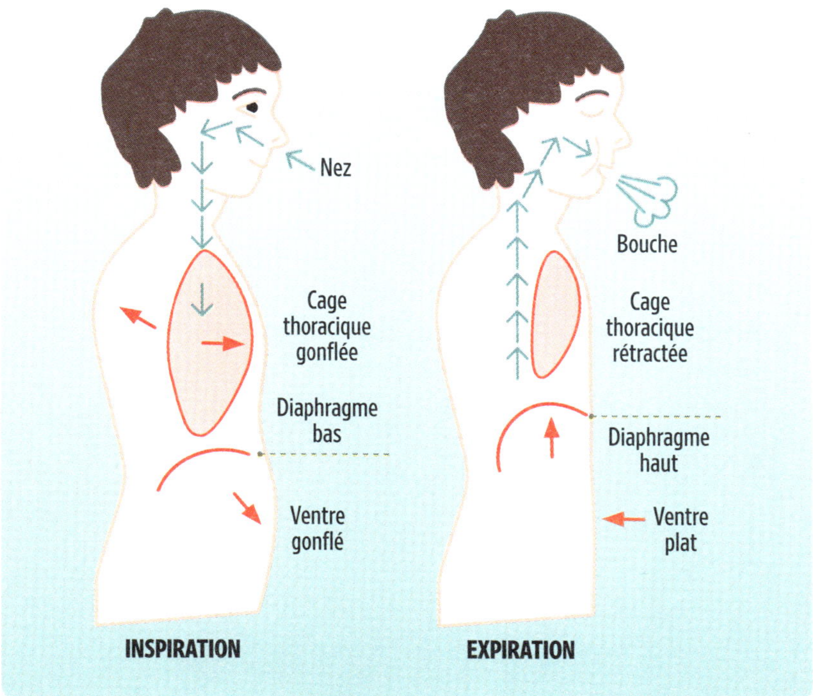

Aujourd'hui, je prie pour : ....

Lire la Parole

Ce samedi, je peux méditer l'évangile de demain (à retrouver p. 60 dans le hors-série *Pâques 2024*) à partir des questions suivantes.

Comment puis-je chercher à rencontrer Jésus plus profondément, comme les Grecs qui, dans ce passage de l'évangile, souhaitaient le voir?

....

....

....

....

Quels sont, dans ma vie, les grains de blé que je dois laisser mourir pour qu'ils puissent porter du fruit, comme Jésus l'enseigne ici?

....

....

....

....

....

Aujourd'hui,
je prie pour : ....

Aller plus loin

Les enfants de l'IEM de Bailly vivent chaque mercredi un temps de prière « pas comme les autres » (p. 62 du hors-série *Pâques 2024).* Après avoir lu le reportage, je peux noter mes réflexions à partir des questions ci-dessous.

Eduardo

- Quel est le cri de ma prière?
- Comment ma joie s'exprime-t-elle dans ma prière?
- Quels sont les « tout-petits » que je peux nommer mes « maîtres dans la foi »?

Aujourd'hui, je prie pour :

Joseph

En l'honneur du père adoptif de Jésus, je peux retrouver deux sanctuaires qui lui sont dédiés.

1. Je me trouve dans un magnifique village niché dans le Var. Le 7 juin 1660, Gaspard Ricard, un berger de la région, raconte avoir été visité par un vieillard qui lui ordonna de soulever une pierre sous laquelle se révéla une source cachée. Gaspard reconnut en cet homme saint Joseph. Dès lors, un pèlerinage s'organisa et accueillit des foules de pèlerins. Depuis quelques années mon sanctuaire accueille les pèlerinages des pères et celui des mères de famille.

Je suis...

2. Je suis situé dans la région du Puy-en-Velay. Au milieu du XIXe siècle, c'est devant une petite image de saint Joseph que se recueillaient Anne-Marie Buffet et ses amies. En 1876, l'abbé Charles-Hector Fontanille vend tous ses biens pour financer le sanctuaire. En 1910, une statue de saint Joseph, tenant l'enfant Jésus, haute de plus de 22 mètres et pesant plus de 80 tonnes, est bénie par l'évêque du Puy-en-Velay. Ce projet de statue avait été porté par le jésuite André Besqueut.

Je suis...

Réponse 1 : Sanctuaire Saint-Joseph-du-Besillon à Cotignac (83).
Réponse 2 : Saint-Joseph-de-Bon-Espoir à Espaly-Saint-Marcel (43).

Aujourd'hui,
je prie pour : ....

Soupe de Carême au Tahini

Tahinosoupa

Lors du Carême orthodoxe, très rigoureux sur les gestes de pénitence, les fidèles mangent durant le « Grand Carême » une soupe légère mais délicieuse. À vos fourneaux !

Recette

Ingrédients :

3 litres d'eau • 2 cuil. à café de sel • 1/2 tasse de petites pâtes (vermicelle ou langues d'oiseaux) • 1/2 tasse de tahini (crème de sésame) ou de beurre de cacahuètes • 1/2 citron • Poivre.

1. Amenez l'eau à ébullition, salez, ajoutez les pâtes, laissez mijoter pendant 10 minutes. Retirez du feu.

2. Battez le tahini ou le beurre de cacahuètes dans un bol avec 1/2 tasse d'eau.
Versez dans la soupe en remuant sans cesse.
Ajoutez le jus de citron et le poivre.

Aujourd'hui,
je prie pour : ....

Prier de tout son corps

Les postures de notre corps peuvent aussi être des occasions de prières. Et moi, quelle est la mienne ?

Aujourd'hui,
je prie pour : ....

De qui est-ce ?

Les saints nous ont donné des mots pour parler à Dieu. Retrouverais-je quelle citation correspond à quel saint ? Je pourrais choisir l'un de ces extraits pour ma prière du jour.

A « Seigneur Jésus, apprenez-nous à être généreux. »

B « Bien tard, je t'ai aimée, ô beauté si ancienne et si nouvelle, bien tard, je t'ai aimée ! »

C « Seigneur, donne-moi l'humour pour que je tire quelque bonheur de cette vie et en fasse profiter les autres. »

D « Jeter des fleurs, c'est t'offrir en prémices les plus légers soupirs, les plus grandes douleurs. Mes peines et mes joies, mes petits sacrifices, voilà mes fleurs ! »

E « Mon Père, je m'abandonne à toi, fais de moi ce qu'il te plaira. »

F « Ô Seigneur, que je ne cherche pas tant à être consolé qu'à consoler, à être compris qu'à comprendre, à être aimé qu'à aimer. »

G « Ne soyez inquiets de rien, mais, en toutes circonstances, priez et suppliez, tout en rendant grâce, pour faire connaître à Dieu vos demandes. »

Saint Thomas More 1

Sainte Thérèse de Lisieux 2

Saint François d'Assise 3

Saint Ignace de Loyola 4

Saint Paul 5

Saint Charles de Foucauld 6

Saint Augustin 7

Réponses : A.4 - B.7 - C.1 - D.2 - E.6 - F.3 - G.5

Aujourd'hui,
je prie pour : ....

Lire la Parole

Ce samedi, je peux méditer l'évangile de demain (à retrouver p. 70 dans le hors-série *Pâques 2024*) à partir des questions suivantes.

J'identifie mon « ânon » : les ressources et les talents que Dieu m'a donnés qui peuvent porter, manifester Jésus à ceux qui m'entourent.

La foule a accueilli Jésus avec des cris de louange. Comment est-ce que j'exprime mon adoration et ma louange à Dieu dans ma vie?

Aujourd'hui,
je prie pour :

Prière colorée

Gris, bleu, jaune, rouge… Ma prière peut prendre la teinte d'une « couleur de la vie ». En m'inspirant des colonnes des dimanches du hors-série *Pâques 2024* (pages 7, 21, 31, 41, 51, 61, 71 et 79), je peux choisir une de ces couleurs, ou bien une autre, et écrire ma propre prière.

Aujourd'hui,
je prie pour :……………………………………………………

Colorier

Colorier aide à se détendre. Jouer avec les couleurs permet aussi de s'émerveiller et d'entrer dans une forme de prière quand les mots manquent.

©Gaëtan Évrard

Aujourd'hui,
je prie pour : ....

Réconciliation

Je me prépare au sacrement de réconciliation avec le Bon Larron crucifié avec Jésus.

1. Je lis l'évangile

selon saint Luc (23, 33-34.39-46)

2. Je rends grâce pour mes prises de conscience durant ce Carême.

Comme le Bon Larron, qu'ai-je découvert de l'amour de Jésus ?
Qu'ai-je envie de lui dire dans un cri de foi ?

...

••• 3. Le Bon Larron, en s'adressant, à son compagnon d'infortune reconnaît qu'il a péché.

J'écris le, les péchés que je reconnais avoir commis et que je regrette.

....

....

....

....

....

4. Je prie le Seigneur, mon Sauveur, à la manière du Bon Larron.

- Souviens-toi de moi qui t'oublie si souvent et qui néglige ma vie de prière…
- Souviens-toi de moi qui ne prends pas le temps de te connaître mieux en lisant la Parole…
- Souviens-toi de moi qui rumine rancœurs et colères contre quelqu'un qui m'a blessé…
- Souviens-toi de moi qui ne prends pas le temps de la rencontre, qui refuse d'être dérangé par ceux qui ont besoin de moi…
- Souviens-toi de moi qui gaspille mon temps…
- Souviens-toi de moi qui me laisse aller à la boisson, la nourriture…
- Souviens-toi de moi qui néglige mes engagements et mes promesses…

Ajoutez ce qui rejoint votre expérience.

....

5. « Amen, je te le dis : aujourd'hui, avec moi, tu seras dans le Paradis. »

Que provoque cette parole de Jésus en moi ?

Ai-je compris qu'elle était aussi pour moi ? Je rends grâce.

....

Aujourd'hui,
je prie pour : ....

Jeudi vert

En Alsace, le Jeudi saint, il est de coutume de cuisiner uniquement avec des plantes et légumes verts. C'est le « *Greendonnerschdaa* » ou le « jeudi vert ». Voici de quoi m'inspirer à la mode alsacienne.

En savoir plus

Le terme de « jeudi vert » a ses origines qui remontent au XIIe siècle, sous l'appellation de « diaes viridum », le jour des verdissants, en référence à l'évangile de Luc : « Car si l'on traite ainsi l'arbre vert, que deviendra l'arbre sec ? » (Lc 23, 31). Les « verdissants » du Jeudi saint étaient des pénitents qui confessaient leurs péchés en public.

Cuisinez aujourd'hui au choix : poireaux, persil, salades, épinards, fanes de radis, orties, pissenlits, oseille, cresson, alchémille, primevère, feuilles de groseille à maquereau, bourgeons de sureaux, ciboulette, cerfeuil, chou frisé… Les plats emblématiques de cette journée sont les incontournables épinards accompagnés d'œufs durs ! **Bon appétit !**

Aujourd'hui, je prie pour : ……………………………………

Les mystères douloureux

En ce Vendredi saint, je prie les cinq mystères douloureux. Pour chacun des mystères, j'écris ce qu'il m'évoque et les situations que je désire confier à Marie et au Seigneur.

La flagellation
(Jn 19, 1)
« Alors Pilate fit saisir Jésus pour qu'il soit flagellé. »

L'agonie de Jésus à Gethsémani
(Mc 14, 34)
« Mon âme est triste à mourir. Restez ici et veillez. »

Le couronnement d'épines (Jn 19, 2)
« Les soldats tressèrent avec des épines une couronne qu'ils lui posèrent sur la tête. »

Le crucifiement et la mort de Jésus
(Jn 19, 26-27)
« Jésus, voyant sa mère, et près d'elle le disciple qu'il aimait, dit à sa mère : "Femme, voici ton fils." Puis il dit au disciple : "Voici ta mère." »

Le portement de Croix
(cf. Jn 19, 17)
« Jésus, portant lui-même sa croix, sortit en direction du lieu-dit Le Crâne (ou Calvaire) qui se dit en hébreu : Golgotha. »

Aujourd'hui, je prie pour : ....

« *Éveille-toi, ô toi qui dors* »

Homélie ancienne pour le Grand et Saint Samedi, office des Lectures (extraits).

Que se passe-t-il ? Aujourd'hui, grand silence sur la terre ; grand silence et ensuite solitude parce que le Roi sommeille. La terre a tremblé et elle s'est apaisée, parce que Dieu s'est endormi dans la chair et il a éveillé ceux qui dorment depuis les origines. Dieu est mort dans la chair et le séjour des morts s'est mis à trembler. C'est le premier homme qu'il va chercher, comme la brebis perdue. Il veut aussi visiter ceux qui demeurent dans les ténèbres et dans l'ombre de la mort. Oui. c'est vers Adam captif, en même temps que vers Ève, captive elle aussi, que Dieu se dirige, et son Fils avec lui, pour les délivrer de leurs douleurs. Le Seigneur s'est avancé vers eux, muni de la croix, l'arme de sa victoire. Lorsqu'il le vit, Adam, le premier homme, se frappant la poitrine dans sa stupeur, s'écria vers tous les autres : « Mon Seigneur avec nous tous ! » Et le Christ répondit à Adam : « Et avec ton esprit. »

Il le prend par la main et le relève en disant : « Éveille-toi, ô toi qui dors, relève-toi d'entre les morts, et le Christ t'illuminera. C'est moi ton Dieu, qui, pour toi, suis devenu ton fils ; c'est moi qui, pour toi et pour tes descendants, te parle maintenant et qui, par ma puissance, ordonne à ceux qui sont dans les chaînes : Sortez. À ceux qui sont dans les ténèbres : Soyez illuminés. À ceux qui sont endormis : Relevez-vous. Je te l'ordonne : Éveille-toi, ô toi qui dors, je ne t'ai pas créé pour que tu demeures captif du séjour des morts. Relève-toi d'entre les morts : moi, je suis la vie des morts. Lève-toi, œuvre de mes mains ; lève-toi, mon semblable qui as été créé à mon image. Éveille-toi, sortons d'ici. Car tu es en moi, et moi en toi, nous sommes une seule personne indivisible. »

Aujourd'hui,
je prie pour : ....

Vitrail de Pâques

Christ est ressuscité ! Je contemple les couleurs de la joie pascale avec le vitrail proposé p. 8 dans le hors-série *Pâques 2024*.

Aujourd'hui,
je prie pour : ....

PrionsenÉglise

bayard

Die ZSCHOPAU - in 7 Tagen vom Fichtelberg bis zur Mündung

1. Kurort Oberwiesenthal - Fichtelberg - Reitweg - Hirschfalzstraße - Quellgebiet der Zschopau - Schutzhütte am Schwarzen Teich - Siebensäure - Hüttenbrettmühle - Crottendorf - Walthersdorf - Schlettau

2. Schlettau - Dörfel - Tannenberg - Paßklausenturm - Schönfeld - Wiesa - Thermalbad Wiesenbad - Himmelmühle - Wolfsschlucht - Wolkenstein - Wolkensteiner Schweiz - Heidelbachtal - Brücke Hopfgarten - Scharfenstein

3. Scharfenstein - Scharfensteiner Kanzel - Wilischthal - Bodemerkanzel - Brücke an der ehem. Spinnerei - Zschopau - Teufelsnase - Rollemühle - Waldkirchen - Witzschdorf - Hennersdorf

4. Hennersdorf - Kunnerstein - Kunnersdorf - Erdmannsdorf - Schwimmbad - Struth - Flöha - Webermühle - Lichtenwalder Mühle - Schloss Lichtenwalde - Angerbach - Brettmühle

5. Brettmühle - Angerbach - Harrasfelsen - Schilfteich Frankenberg - Dammweg - Sachsenburg - Grubenwehr - Alte Hoffnung Erbstolln - Kraftwerk Mittweida -Liebenhainer Mühle - Ringethal - ehem. Spinnerei Weißthal - Auengrund - Mittweida

6. Mittweida - Auensteig - Lauenhain - Talsperre - Wappenfels - Anlegestelle Höfchen - Anlegestelle Kriebstein - Burg Kriebstein - Papierfabrik Kriebethal - Rauschental - Waldheim

7. Waldheim - Kreuzfelsen - Diedenhainer Viadukt - Nixkluft - Limmritzer Viadukt - Hängebrücke Töpeln - Spitzstein - Westewitz - Zschopaumündung - Technitz - Döbeln